サステナビリティ関連訴訟の近時の動向
(令和6年10月11日開催)

報告者 松 井 智 予
(東京大学大学院法学政治学研究科教授)

目　次

Ⅰ．総論……………………………………………………………… 3
Ⅱ．不法行為訴訟…………………………………………………… 7
Ⅲ．製品・広告表示と消費者訴訟…………………………………11
Ⅳ．サステナビリティ開示と投資家訴訟…………………………14
Ⅴ．企業および国家における反対の動き…………………………20
Ⅵ．小括………………………………………………………………23

討　　議……………………………………………………………23
報告者レジュメ……………………………………………………48

金融商品取引法研究会出席者（令和 6 年 10 月 11 日）

報 告 者	松 井 智 予	東京大学大学院法学政治学研究科教授
会　　　長	神 作 裕 之	学習院大学法学部教授
委　　　員	大 崎 貞 和	野村総合研究所未来創発センター主席研究員
〃	尾 崎 悠 一	東京都立大学大学院法学政治学研究科教授
〃	齊 藤 真 紀	京都大学法学研究科教授
〃	武 井 一 浩	西村あさひ法律事務所パートナー弁護士
〃	松 尾 健 一	大阪大学大学院高等司法研究科教授
〃	萬 澤 陽 子	筑波大学ビジネスサイエンス系准教授
〃	宮 下　　央	ＴＭＩ総合法律事務所弁護士
〃	行 岡 睦 彦	神戸大学大学院法学研究科教授
オブザーバー	三 井 秀 範	預金保険機構理事長
〃	坂 本 岳 士	野村證券法務部長
〃	大 門　　健	大和証券グループ本社経営企画部法務課長
〃	本 多 郁 子	ＳＭＢＣ日興証券法務部長
〃	安 藤 崇 明	みずほ証券法務部長
〃	窪　　久 子	三菱ＵＦＪモルガン・スタンレー証券法務部長
〃	松 本 昌 男	日本証券業協会常務執行役自主規制本部長
〃	森 本 健 一	日本証券業協会政策本部共同本部長
〃	坪 倉 明 生	日本証券業協会自主規制企画部長
〃	塚 﨑 由 寛	日本取引所グループ総務部法務グループ課長
研 究 所	髙 木　　隆	日本証券経済研究所常務理事
〃（幹事）	高　　逸 薫	日本証券経済研究所研究員
〃（幹事）	永 田 裕 貴	日本証券業協会規律本部規律審査部課長

（敬称略）

サステナビリティ関連訴訟の近時の動向

○**神作会長**　おはようございます。定刻になりましたので、ただいまから金融商品取引法研究会の第９回の会合を始めさせていただきます。

　本日の議事に入る前に、オブザーバーの交代がございましたので、新しいメンバーの方をご紹介させていただきます。大和証券グループ本社の三宅様にかわりまして、大門健様がご参加くださいます。大門様、よろしくお願いいたします。

　それでは、本日の議事に入らせていただきます。

　本日は、既にご案内をしておりますとおり、松井智予先生から「サステナビリティ関連訴訟の近時の動向」というテーマでご報告をいただきます。その後、ご報告をめぐって討論を行っていきたいと考えております。

　それでは、松井先生、早速でございますけれども、ご報告をよろしくお願いいたします。

［東京大学大学院法学政治学研究科　松井智予教授の報告］

○**松井（智）報告者**　ただいまご紹介にあずかりました松井でございます。よろしくお願いいたします。

　金商法の研究会でございますので、他の先生方のご報告としては金商法に係る問題点のご発表が大宗を占めておられるかと思いますが、サステナビリティ関連の問題は、証券市場の外側にある問題にも目を向けなければいけない部分がありますので、本日は現在サステナビリティをめぐって生じているさまざまな訴訟について紹介していきたいと思います。

　レジュメのとおり、さまざまな訴訟がどう分布しているのかを確認して紹介することを考えておりますけれども、金商法に引きつけて考えていただくということでは、ヨーロッパと日本で比較しやすい事件として、ヨーロッパのいわゆるディーゼルゲート事件、フォルクスワーゲン等の自動車企業が排

1

ガスに関する不正を隠していた事件と、日本の自動車メーカーによる近時の不正認証事件、こういったものを比較しながら見ていただくことで、類似の問題が各国でどう訴訟になっているのかを考えていただくことができるのかと存じます。

簡単に申しますと、ヨーロッパでは、消費者訴訟が活発に起きておりまして、たくさんの消費者に対して弁償しております。フォルクスワーゲンに関しても、金融市場の不正操作という点に着目した責任追訴訟も考えられたものの、最初、詐欺で刑事立件をする間、証券に関しての立件はとめるということをいたしました関係で、そちらが全く進んでおりません。その後詐欺の側がうまくいかなかったようで、現在監督当局が証券関係で立件できないかということを検討しているようですが、CEOの健康問題で止まっていると報道されております。

一方で、日本の自動車メーカーの不正認証についてはどんな訴訟が起きているかといいますと、カナダや韓国、アメリカなど、いろいろな場所で日野自動車に関する消費者訴訟が提起され賠償が行われているのですが、日本ではそういったことがあまり知られておりません。一方で、不正認証が知られた後で、その余波がどのくらいのグループ会社に及びそうかということについての開示が間違っていたのではないかということで、日本国内で証券訴訟を起こそうとしている事務所があると聞いております。つまり、類似の事件が起きて、法域をまたがってステークホルダーに影響が起きた場合であっても、それをどう解決するのかということは国ごとに大分違いそうだということがございます。

そういったこととの関係で、各国がESG関連のリスクを、誰の誰に対する請求権として構成し訴訟を認めているのかを整理しておくことによって、今後何が起こりそうかという見通しをよくできると思っております。また、ESGを推進するという視点から申しますと、ESGにかかる訴訟は外部性の内部化という意味を持っているのですが、今言ったような形で同時並行的な訴訟がどんどん増加して再分配が行われている現状に鑑みると、各国でやり

方、足並みがそろっておりませんと、内部化の手法としての訴訟が非常に非効率になることになります。救済の仕方が国によって違っていること自体は従来からある問題とは思うのですが、最近、ESG イシューや国際的に請求をする動きが拡大しておりますので、非効率性が非常に大きくなっているのではないかということも問題意識としてございます。

また、最近、サステナビリティ開示ということが言われております。アメリカなどでは私的な証券訴訟が非常に増えておりますので、開示をすると責任が問われるのではないかということや政治的な問題もあって、開示に後ろ向きになる（ESG-Hushing）企業が増加しているとも言われております。

そういったこともあり、ESG をこの後、政策的に考えていく上でも、訴訟が内部化手法として非効率であるだけでなく開示を後退させるといった移行コストを伴うという実態について、把握しておく必要があるだろうと思いまして、これを発表するのにどこがよいフォーラムか、いろいろ考え、金商法研究会とずれているかもしれませんが、ここでお話をすることにいたしました。

それでは、発表の内容です。

今回の発表は、パワーポイント自体は情報量がそれほど多いものではございません。スライドとしては、提出いたしました原稿の目次のページ数を最初のパワーポイントに表示して全体像をご紹介しておりますので、どういった形で企業が第三者に対して責任を負うのかについてご説明いたします間、レジュメと紙ベースの発表をざっと見ながら聞いていただければと思います。

Ⅰ．総論

原稿の３ページです。ここではさまざまな訴訟が存在していることを示しております。CO_2 排出に係る責任追及訴訟については、地域住民から企業の不法行為訴訟を行う、環境負荷や削減計画についての開示の誤りが発覚した際に投資家から虚偽記載による損害賠償責任訴訟を提起される可能性があ

る、あるいは思ったよりも非常にたくさんの環境負荷がかかっているものを買ったということについての消費者訴訟を提起される可能性もあるというように、いくつかの類型が存在します。CO_2の排出量削減計画との齟齬を原因とする訴訟については、投資家・消費者だけではなくて、国家を原告とする訴訟もあり、後者の行政訴訟の場合には、損害賠償ではなく計画に基づいてCO_2排出量を削減することを要求する訴訟となります。

また、それぞれの訴訟提起の契機について、法域によっては内部告発者が報酬をもらえる制度があるので、実はこの製品にはこのくらいの環境負荷がかかっている、安全性が低かった、あるいはCO_2の排出の目標達成ができるはずがないなどの事実を経営者が知っていた等、さまざまなことが明るみに出ることによって、訴訟リスクが増幅する可能性も起きております。

本発表では、こうした訴訟とともに訴訟の影響もご紹介します。昨今のESG関係のプロジェクトはさまざまな請求にさらされるリスクが大きいものでありますので、国によってはESGの開示に消極的になってみたり、企業によっては自分の本拠地を圧力の少ない国に移そうといって退出する動きも起きているという状況です。また、発表には含めておりませんが、発表のテーマとしての環境負荷にかかる外部不経済の内部化という観点から見ますと、法的リスクを定量化して金融活動などに反映させる活動を金融や保険がしていると思われるので、これからはそういったモデルや動きがどうなっているかも全体として見ることで最終的に企業がどういった形でこれを内部化するのかが見えるのではないかと思っております。

それから、訴訟が影響を及ぼす分野が偏っているということも冒頭で申し上げておくべきかと存じます。訴訟リスクが非常に高い企業は、世界的な寡占状態にあるエネルギー分野やクリティカルミネラルの分野の企業であることが多いということです。したがって、現状訴訟リスクについて日本の企業が問題と考えることはあまりないかもしれません。しかし、全体として価格移転が進んでまいりますと、日本にもこういった問題の影響が波及してくるのではないかと思います。訴訟がどういった形で起きているのかをにらみな

がら、国家が補償するべきことや企業が賠償するべきことについての全体像の把握が大事だろうと思っております。

さて、論文に戻りまして、なぜ最初に CO_2 の話をするのかということをお話いたします。

論文４ページから５ページにかけてです。まず、CO_2 排出の訴訟のやり方の特徴ですが、日本では、神戸で発電所の周りの住民が国家を訴える訴訟が起きており、これは行政訴訟を提起するものになります。他方で、JERAを訴えるという企業に対する訴訟も起こされております。CO_2 に関する不法行為は、世界的に見ると、過去に不利益を受けた住民が、もう受けてしまった不法行為に対する損害賠償を求めるもの、環境団体や市民団体が将来にわたる企業の活動に対する一定の強制を、義務付け訴訟として求めるタイプのものがあります。さらにそのほかに、競争相手や消費者から来る差止めや消費の修正を求めるものや、投資家が虚偽開示を原因として証券訴訟を起こすものなど、さまざまな訴訟が存在します。その中で、まずは CO_2 に関して住民・環境団体・市民団体が起こす訴訟を見ていくわけですが、これは国に対して起こされる訴訟なのか、企業に対して起こされる訴訟なのかという交通整理の問題があります。

CO_2 削減義務付けはもっぱら国に対して訴訟を提起すべき、という交通整理がされている場合もあるのですが、ここでは民事訴訟ということで水平訴訟についてだけ簡単に説明します。

気候変動の影響を受けることが大きい国の原告が、それによって直接的な不法行為的損害を受けた場合に、その損害と関係がありそうな国－当該原告の住居地と異なることもあり得ます－の企業の賠償を求めるといったタイプの訴訟は水平訴訟と呼ばれます。この訴訟は、形式的には不法行為訴訟において過去に行われた行為によってすでに生じてしまった損害に対して賠償を求める形をとり、実質的な争点としては本当にそこに因果関係があるのかとか、どのくらい寄与度があるのかということが問題になります。他法、水平訴訟であっても近年生じている類型は、原告が企業に人権に基づいて将来の

CO_2 の排出量の削減を強制するもので、そもそも CO_2 削減が人権として成り立つのかという、権利の成り立ちにいろいろ問題があったわけですが、国際的にさまざまな訴訟が既に提起されたので、国によっては、これは人権等に関する権利であると定立している裁判所がポツポツ出てきております。たとえば論文の 5 ページは、Milieudefensie 対 Shell という判決の請求の根拠について書いております。欧州人権条約、オランダ民法が根拠になっております。

　特に EU では CO_2 についてこういった水平的訴訟が目立つのですが、広く拡散する CO_2 排出の責任と異なり、人権侵害に関する訴訟は、特定の企業の活動と人権侵害が結びついており、訴訟も行政ではなく企業に対して行われるプライベートな訴訟がほとんどです。こうした訴訟の難点は、不法行為を起こされた場所と実際に請求が行われる場所に違いがあることであり、多くは子会社で行われた不法行為の管理責任を親会社に問うタイプの訴訟になります。

　アメリカには昔から外国人不法行為法という特別な法律があります。アメリカは、独立戦争のときに、他国からの軍隊やスパイがアメリカの領内にやってきて活動していたので、そういった人たちに対する責任を、管轄を問わずに裁かなければいけないといった事情があったようで、管轄について非常に緩やかに認める法律が出来ました。これを ESG 関係や人権侵害訴訟に転用する訴訟が、アメリカでは一時期多かったのですけれども、子会社の不法行為について、アメリカ国内で責任を問うことはできないと最高裁で言われてからは、訴訟の中心地はヨーロッパ、あるいはコモンウェルスに移りました。現在では、イギリスを中心に勝訴判決が出ており、カナダなどでも越境した判決が出ています。したがって、人権侵害に関する不法行為訴訟で親会社が訴えられるリスクは、特定の国でふえていると理解することができます。消費者訴訟・投資家訴訟についてはまた別にお話をしていきます。

Ⅱ．不法行為訴訟

　それでは不法行為訴訟について説明します。

　不法行為訴訟は、2023年11月までに気候変動訴訟として申立てられたのが2485件ございました。この2485件は、水平訴訟と垂直訴訟の両方を指しております。1678件はアメリカで申立てられており、残りがオーストラリアやイギリス、ブラジル、ドイツといったところで申立てられております。

　アメリカの訴訟の実態を見てみると、州政府と連邦政府の間の争いや、住んでいる人が行政訴訟で政府を訴えるといった垂直訴訟が多く、これは法律的にも、まずは政府に責任を問うと整理されたという事情があるようです。連邦の政策が非常に揺れ動いていることもあって訴訟の形は変化しています。まずは合衆国の環境保護庁が、気候変動に関する政策を打とうとして積極的に動いていたのですが、後でその権限が抑制されてしまって急ブレーキが起きたときに、今度は州で独自に会社の監督を問題とする差止訴訟が提起されるといった動きがあるようです。

　では残りの807件についてはどういった請求が行われているかということでございますが、単にヨーロッパということではなく、中南米やオセアニアを含めた特定の国での訴訟が目立ちます。というのも、気候変動で影響を受けやすい国は偏っており、オーストラリアの森林火災や砂漠化、ブラジルの洪水など災害の起きやすさを反映するからです。例えばペルーの氷河の融解により損害を受けた現地住民やニュージーランドのマオリ族の方々が、ローカルな不法行為を原因とする気候変動訴訟が提起されています。ブラジルも、たくさんの地下資源を抱えているので、森林伐採をしたり鉱山を開発したりするのですが、尾鉱ダムが決壊したり森林をたくさん伐採すると、洪水が起きたり水が干上がったり、大規模な火災が起きて、現地の住民が非常に大きな被害を受けますので、訴訟が起きやすくなっています。

　日本におりますといろいろな訴訟が起きているという実情からインシュレートされるため、先ほど述べましたCO_2訴訟にかかる住民訴訟が起きて

いても従来の枠組みにのっとって却下する判決が出ています。私的訴訟も含めて日本で起きているCO_2排出関係の訴訟運動は現在盛り上がりを欠いておりますが、これはそうした裁判所の対応とも連動していると思います。

次に、個別の人権侵害訴訟、現地の不法行為訴訟が国境を越えて親会社に対して及んでいくといったタイプの不法行為訴訟は、CO_2のようなエネルギーではなくて、鉱業・アパレル・プランテーション・林業といった業種で起きます。このタイプの業種では、被侵害者は現地で操業している会社に救済を求めようとしても、そもそも裁判システムや治安自体に信頼が置けないとか、救済が実効的ではないことがあるという理由で、欧米に位置する親会社に対して人権侵害訴訟を提起しようとします。

以下では、イギリスやカナダの判例を見ていきます。

最近では、アメリカで、取引関係を原因として、コバルトを大量に利用しているアップルやテスラを相手取って、紛争鉱業地域の原告が訴訟を提起しようとしましたが、資本関係がない取引関係に関しては、サプライチェーンが強固に成立しているとしても、利害関係やリスクの共有は認められないという形で訴訟が棄却されているようです。したがって、現在の判例法理は、実質的に下のオペレーションに介入して強固に管理をしている親会社に対して請求が認められるという、今までの構造とあまり変わらないようです。

ただし、従来は管轄および本案の請求ともに認められる例はほぼ皆無だったのですが、最近になってイギリスにおける訴訟で、こういった管轄、不法行為責任を両方認めた画期的な訴訟が出されました。これが論文10ページのVedanta訴訟でございます。これは、ザンビアで発掘されている銅鉱山において行われている環境汚染によって、人権侵害が起きたという主張による訴訟です。

原告は、現地で水資源が汚染されているのに対して、親会社はこの環境被害自体には寄与していないけれども、管理監督責任があったということを主張いたしました。最高裁は、EUに居住する被告を、当該国の裁判所で訴えることができるとしているブリュッセル規則改正第4条1項に基づき、イギ

8

リスの管轄権を肯定し、かつ訴訟手続に関しては、EU の裁判所の判例を理由に、フォーラム・ノン・コンビニエンスを主張できないとしました。

　管轄については、イギリスの最高裁判所は、ブリュッセル規則と EU 裁判所の判例を根拠にこの結論を導いているので、管轄に関する判断は、今後 EU 全体で緩くなる可能性があります。現在のところ、これに続く EU 全体の訴訟の動向はよくわかりませんが、この判決を見る限りではそのようにいえると思います。

　本案については、判決は環境被害の発生防止を子会社に求める方針文書を発行するだけでなく、子会社とともにこれらの基準を実施する注意義務を負っていたと述べております。こうした方針の実施は、デュー・ディリジェンスに基づく管理という形で、バッテリー規則や CSDDD などによりサプライヤーと小売などサプライチェーンの各所でも求められるようになってきているのですが、判例では、取引関係ではなく少なくとも親会社、子会社の間での管理責任について、このような ESG 関連のイシューについて管理を継続的にやっていくことについて義務があると述べています。

　また、管理の可能性については、ポイントを絞って、子会社の業務のこの部分はノータッチだから責任を負わないと親会社が言えるような業務があるわけではない、親会社と子会社の活動が全体的にどう関与しているかを見るので、裁判所が見る可能性がある活動の種類に制限はないとしております。

　この訴訟は、親会社の設立準拠法国の管轄権のもとで、親会社が子会社の全般的な管理義務に基づいて責任が肯定された例だと言えます。

　次に、シェル訴訟です。これはオランダのハーグ控訴裁判所の判決です。最終的な訴訟の帰結についてはシェルがイギリスに拠点を移しているということもあり、オランダでの訴訟がこの後どう推移するかわかりませんが、シェル社の環境破壊について、ナイジェリアの子会社の原油の流出責任が肯定されました。現在、同じ原告がイギリスで訴訟を提起しているのですけれども、シェル社は、ナイジェリア法のもとでは時効が成立する、子会社がもう補償をしているから親会社には責任がないと主張し、現在訴訟は係属中です。少

なくとも管轄権は肯定されているということです。

　次に紹介した訴訟は、イギリスにおけるアフリカン・ミネラルズ社に対する訴訟です。

　これは、今言った子会社の操業に関する日常的な管理監督に直接に起因するものとは異なり、暴動が起きたときに現地の警察が介入したことによって残虐行為が行われたというものでございます。現地の治安を維持してもらうために、現地の警察と緊密に協力することは、現地の企業ではありうることかと思いますが、問題なのは現地の警察自身が公明正大に運用されているかということでございまして、場合によっては偏った、乱暴な活動を行ってしまうことがあり、会社に協力的な第三者が及ぼした損害について、親会社が責任を負うのかということが問題になりました。ただし、これについての控訴は棄却されています。会社としては安全を保つことを考えて警察に治安維持をお願いしていたのであり、その警察が度を超えた行為を行った場合、第三者による危害を防止するという形に責任の内容が変化することはあっても、直接に第三者の行動に対して責任を負うわけではない。そういう意味では一定の限界があると言われたわけです。

　イギリスだけが管轄権を認めている国というわけではありません。カナダでは、2014 年に Nevsun Resources というエリトリアの銅・金鉱山における労働者の強制労働に関する訴訟が起きており、提訴された年からかなりの時間がたっておりますが、2020 年になってから管轄権が認められております。これは最終的な判断は出なかったのですが、2020 年 10 月に和解に到達しているので、カナダにおいても管轄権が認められて、実質的に企業がお金を払ったという事実があるわけでございます。

　これらは、個別の企業によって水質・土壌汚染や人権侵害などの不利益を受けた人たちが、不法行為を使って訴訟を提起したタイプのものであり、CO_2 訴訟もそうですが、新たな判例法理がここ 10 年あまりで形成されつつあるのがお分かりいただけるかと思います。

Ⅲ．製品・広告表示と消費者訴訟

　次に見ますのが、製品の広告に関する表示とか、消費者が買ったものについて損害を求めるといったタイプの訴訟でございます。金商法における開示とも類似性がありますが、企業は自社製品や自社の活動がグリーンということを、消費者に向けても広告でたくさん表示するため、消費者との間でもいわゆるグリーンウォッシュという問題が発生します。同じ言葉が証券市場における投資家を欺罔する表示との関係でも使われますが、欧州でグリーンウォッシュというと、投資家よりも消費者をエンパワーメントするという局面で問題になる概念ではないかと思っております。

　欧州は 2024 年にグリーンウォッシュに関する Empowering consumers という消費者エンパワーメントに関する指令を採択しております。この消費者エンパワーメントの指令は、グリーンウォッシュ指令とペアになっている立ち位置のもので、寿命が短過ぎる製品であるとか、環境に優しいとうたっている商品について、一定の要件を設けることで消費者を保護し、消費者がさまざまな権限を与えられるという指令です。

　14 ページ以下に論じておりますが、製品のグリーンウォッシュ問題に関しては、ヨーロッパは伝統的に消費者による訴訟に対して保護を与える形の救済をとっています。金融商品におけるグリーンウォッシュも SFDR の開示要件などによって規制されますが、これは事業内容の開示というより金融商品という商品を購入する人にちゃんと情報を与えるという観点で製品表示と類似する規制を行ったものとも理解できそうに思います。

　最初に問題提起をしたディーゼルゲート事件は、欧州の大きな自動車メーカーが、将来にわたるディーゼルの排出規制を指示されたときに、当該規制の目標値には到達できないだろうということを経営者レベルでわかっていたにもかかわらず、達成できる、できたと表示していたという問題でございます。この問題が発覚した際に、さまざまな EU の構成国で、消費者が損害賠償を請求する訴訟を提起しました。消費者が損害賠償請求する一方で、例え

ばフォルクスワーゲンの株を買った株主が、イギリス法上の429条類似の規定に基づき企業内容の開示について企業の責任を追及するといったことはヨーロッパでは見られません。責任を認めるような条文がある国も存在するのですが、ヨーロッパでは基本的には監督庁がマーケットのマニピュレーションについて責任を問うので、企業は安心して消費者にお金を渡せばよいという形になっているのではないかと思います。

同時に、不正競争防止法関連では、取引相手ないし監督庁との間で問題が発生します。同業者が自社の製品がグリーンであるという根拠のない、あるいは誇張に当たる主張を立てた場合、そういった表示をやめるようにという差止めを求める訴訟が見られます。

これらの法律の下における各国の救済は以下のようになっています。まずドイツでは不正競争防止法による販売の差止め、広告の撤去が認められることになっています。ただしこれも緒についたところなので、どういった形で何が差止めや広告撤去の要件になるのかということについては、まだ固まってきていないと私が読んだ報告には書いてありました。

フランスは消費者法の分野で、CO_2排出について消費者法典の内容を拡張、上乗せする規制を作っています。したがって、排出にかかる表示の問題に対しては罰金が払われる形になっております。それにより、特定の製品の性能に関する表示とかではなく、例えばフランスの石油会社におけるカーボンニュートラル目標がミスリーディングであるという場合、消費者としては自分が考えているのと違う灯油やガソリンや軽油を買っているということになり、誤ったキャンペーンに要した費用の80％が罰金として科されるという形になっております。

オランダでは、先ほどCO_2訴訟について少し触れましたが、消費者から民法の不法行為法上の損害賠償請求が行われます。今年に入ってから著名になった事件としては、例えば航空会社が「持続可能なフライト」というキャンペーン表示をしたのに対し、これはミスリーディングだとする判決が下されました。会社側は、消費者との関係でうかつに誇大広告的なことをすると

12

不法行為を問われるということになります。

　また、同国では民法のほかにさまざまなガイドライン等がつくられており、これに反した表示をしたことに対して行政上の罰則が適用されることがあり、罰金はないのですが、実質的に環境団体に寄附しなさいとか、そういった形での補償が求められるということは、行政レベルではあるようでございます。

　次に、イギリスについては、CMA（競争・市場庁）が消費者保護を担当していますが、消費者保護ないし広告基準にひっかかったものはグリーンウォッシュに該当するとして規制に服します。

　アメリカも消費者訴訟について一通りの体制を整えております。アメリカではFTCがグリーンガイドというガイドラインを出しており、このグリーンガイドにのっとって、もしくはカリフォルニア州など特例法を持つ州は当該法律にのっとって、製品表示の不備を消費者が問うことができます。アメリカにおける企業へのサステナビリティ関連の責任追及訴訟の第一波はこの法律を梃子とするもので、商品表示に伴う通知義務があるということが主張されました。つまり、販売時点で、たとえば強制労働を伴っていますということを消費者に積極的に通知する義務があるという主張であり、これはさすがに却下されているのですが、その失敗の経験が、企業活動にかかる虚偽表示訴訟が起こされるようになった契機となっているということのようです。

　このFTCのグリーンガイドは改定を予定されており、グリーンウォッシュの内容についてもう少し細かく規定を書き直す予定となっております。パブリックコメントでは、こういったFTCの管轄する分野におけるグリーンウォッシュ概念に基づく請求権の範囲について、たとえば、投資商品の組成等についても同じように管轄するべきではないかということが提案される一方で、企業の側は、活動内容の開示にFTCも入ってくるのは勘弁してくれという形でせめぎ合いがあると言われております。

　アメリカにおける消費者訴訟ではNGO等が活発に動いておりまして、例えばエクソンなどに対し、再生可能エネルギー投資及び化石燃料の汚染削減

に関する欺瞞的な広告があったという主張がみられます。

FTC に関しては、先ほど出てきた EPA もそうでしたが、近年の政府の政策の保守化に伴い、ステークホルダーエンパワーメントに係るさまざまな規制庁の権限は削減されており、罰金や没収をするという強い権限を奪われております。全体として見るとアメリカのさまざまな規制庁はエンフォースメントをする力が急速に落ちているのですが、ここではこうした基準策定の主体としての役割について留意いただければと思います。

Ⅳ．サステナビリティ開示と投資家訴訟

以上のようにアメリカでは、直接的に消費者としてのステークホルダーに救済を与える規制庁は弱体化しているのですが、その中で世界的な開示強化の潮流に伴って投資家への開示の虚偽を監視する SEC の役割が強くなってきております。SEC は、従来からタスクフォースを設置し、企業のサステナビリティに関する主張に非常に強い詳細な根拠を求めてきておりました。実際にそれが実現されていないと、開示内容を厳しく検証して、本当にそこに根拠があるのかを事前に問い合わせするという執行をしてきたようでございます。

SEC は 2024 年に気候関連開示規則の最終ルールを出しております。これは現在停止されており、したがって SEC の規制強化とどういう関係に立つのかと思わるかもしれませんが、ここでは SEC が同規則の策定以前の段階で執行部門を非常に強化した点について述べております。すなわち、2021年に ESG タスクフォースが設置され、2022 年の検査優先事項の中で、グリーンウォッシングについては優先課題とすると宣言しました。この言葉は基本的に次の年にも引き継がれているということであります。

さて、2024 年の気候関連開示規則の内容は、規則 S-K とか規則 S-X に対する追加的なアイテムを決めるということであり、また日本でも現在金融審議会のサステナ開示 WG で議論されておりますが、将来情報に関するセーフハーバーをどこに適用するかを決めるものでございます。

同規則の対象となるのは「登録者」ですが、登録者ということは、要するにSECを通って証券を発行していく人たちみんな入りますので、REIT等債券やデリバティブもこの内容に入ります。SECの管轄は比較的広めであると思います。

　このSECの積極的な姿勢に対応して、私的証券訴訟がたくさん起きるのではないかということが心配されております。虚偽記載の内容はCO_2排出量の予測だけでなく将来にかかる経営陣の見通し全般に関連し、その内容は10b-5に規律されますので、私的証券訴訟はこの10b-5に係る訴訟になります。訴訟の主体としては、SECが起こすものと、私人（株主）が起こすものがあります。

　この論文では幾つか事例を挙げています。aは株主によるエクソン・モービル社の証券詐欺訴訟であります。これは証明済みの石油・ガス埋蔵量の価値と量を誇張し、重大な虚偽かつ誤解を招くような発言をしたという主張に基づく訴訟です。また、炭素の代替コストを組み込んでいる、すなわちCO_2排出に関して市場で排出権を買ったりして、うまく実現可能なプランをつくったと説明している部分について、そこに用いられた数値が内部会計で操作されていたのではないかということで、開示の内容が誤っていたのではないか、この情報を書かなかったことで、株価が人為的に高騰したのではないかと主張されたものです。

　エクソンに対してはさまざまな訴訟が起きており、それぞれの関連もわかりにくいのですが、エクソンはこの主張に対して却下を求め、いろいろな別の訴訟を引いて主張に根拠がないと主張しています。ただし現在のところ、この申立ては却下されております。

　一体何を言う、あるいは言わないと虚偽記載になるのかということは、非財務開示にかかる虚偽の主張においては常に問題になるのですが、エクソン・モービル社のこの訴訟の焦点は、将来見通しというより現に行っているオペレーションについての計算を、内部文書において操作してしまったというところにあると考えています。

ｂは、環境負荷が全くないバイオプラスチックを開発したとして上場した企業について、実際のところは当該製品には環境負荷があったということが問題とされた事例です。会社は、SPACで合併して上場するというイベントに際して開示を行い、もちろんそこでデュー・ディリジェンスも行われ、この会社は優良ですよと公開されたにもかかわらず、その後、ウォール・ストリート・ジャーナルなどによって、実際の製品は生分解しないということが報道されました。このため株価は下落し、開示は企業価値の源泉となる商品について特性を誇張したものではないかということが問題となりました。被告会社は、生分解性に関して、従来から同社は、素材であるプラスチックを厳密に実験の環境下で使ってみると分解されるということを主張してきたのであり、実際の最終製品がどうなるかということについては保証していないと述べました。このケースでは、原告側が期待し、当該期待が裏切られて嘘だと感じた内容が、そもそも実際に会社が行っているオペレーション、もしくは会社が知っていることと乖離しており、会社が開示のインプリケーション（製品の生分解性）が実際と違うことを把握していたかどうかについての原告のついての主張がないということで、原告が負けました。つまり、会社は、自己が把握している事業の内容を超えて、そこから先に起きてくる環境影響が当該内容と乖離してくる場合については、会社としては責任を持ち切れないと主張して、勝ったということになります。

　３番目のｃは、Valeというブラジルの上場鉱山会社に関するSECの証券詐欺事件の告発でございます。ブラジルのブルマジーニョダムが2019年に決壊したもので、非常に広い範囲が汚染されて、たくさんの人々が死亡いたしました。ここでSECは、国際的に認められた基準を満たしていないダムだったということをVale社は知っていたが、故意にデータを操作し、ダムの安全性を監査する第三者から情報を隠蔽して、虚偽、誤解を招く発言をしたと主張いたしました。

　ダムがどうして決壊するかということについてはいろいろな要因があると思いますが、大きな要因として、ダムの中にたくさん泥がたまって、この泥

が、ある一定の条件で液状化すると、ダムの壁の不安定性を非常に高めるということなのだそうです。Vale社は汚泥がたまって液状化の危険があることを把握していましたが、をその点について何の対策もせず、対外的には同社はゼロリスクを目指していますという開示をしていました。SECは、同社の内部でどういう状況が把握されていたかをチェックした上で、どうもVale社はこれは嘘をついていたのではないかということで、告発したものであります。

弁護士の側は、ダムの決壊は合理的には予測できないものだということで、将来情報であり開示に限界があったとして、訴訟棄却の申立てを行おうとしましたが、しかし結局のところ和解を選びまして、SECに多額の罰金を支払いました。

ちなみに、事故とか修正とか、一定の証券の価格が大きく下落するようなイベントを起こしてしまい、それまでの事業内容の開示が虚偽で株価が吊り上がっていたのではないかということが疑われる場面で起きる訴訟をイベント・ドリブン訴訟といいますが、アメリカではこのイベント・ドリブン訴訟が急増しており、それにグリーンウォッシュと呼ばれる主張が付随することが増えています。このVale社の訴訟の構造は、SECが原告ではありますがイベント・ドリブン訴訟のそれに合致するものといえます。

イベント・ドリブンの私的証券訴訟でも、今説明した例と同じように、ある虚偽記載を原因として株価が大きく下落したと主張されることになりますが、この要件をめぐってはマテリアリティや相当因果関係の立証が問題になります。アメリカの虚偽開示訴訟は基本的に原告が立証するため、市場における証券の価格の水増しがどういうメカニズムで起きたのか、非開示と開示前の状態で正しい開示が行われていたら市場がどう反応したのか、そもそも開示前のどの状況と比べることが適切かといったさまざまな原理的な問題が発生するなかで、原告が主張を維持できるのかが現在問題になっているようであります。

なお、こうした現状報告や技術的な問題の指摘のほかに、ここで私の意見、

あるいは私がいくつかのドラフトで見かけた意見として、こうした訴訟で投資家に救済を与えすぎることの適切さということについて問題提起しておきたいと思います。つまり、最初にある程度のサステナに関するリスクをとったはずの株主がイベント・ドリブン訴訟によってリスクを会社や経営者に転嫁して収益を回復するということを認めた場合、ステークホルダーに対する弁済原資が減る可能性が生じます。会社さえ健全であれば、投資家に損害賠償をしたのちもそのまま操業できるため問題は発生しませんが、証券訴訟の損害額が大きくなって、株主に先に払ってしまうと、ステークホルダーに払うお金が不足するような事態が発生したり、あるいは支払いはしたもののもう採算がとれないから撤退しようといって、事業が急に操業を停止し、ローカルなステークホルダーが収入源を絶たれるようなことも考えられなくはありません。これは今までもあった問題ではありますが、非財務開示にかかるイベント・ドリブン証券訴訟では損害賠償額の規模が拡大するため、改めて賠償が望ましいのか疑問だとの指摘もあります。ドラフト段階のものをいくつか見たにすぎず学説上もあまり大きな声になってはいませんが、そういった指摘もあるようだということです。

　また、企業、ファンド等への行政処分としての証券訴訟も、ある開示をしなかった（スクリーニング）とか、経営方針の説明がわかりやすいものになるように誘導するという政策目的に沿った形で行われるほうがいいと思いますが、SEC が行っている措置は、大体多額の罰金を伴うことが多く、開示にとってマイナスのインセンティブが働く可能性があります。今後こういうものがアメリカにおいてどういう形で強制されていくのかは見ていく必要があると思います。

　ではアメリカ以外の国では証券訴訟はどのように扱われるのでしょうか。先ほど来申しておりますように、EU の政策態度は、ESG の観点から問題のある事業が明らかになった際に証券訴訟で投資家を救うという方向には後ろ向きであります。理論的には、私人が訴追することはできるように読める条文がある国もありますし、行政庁が執行を担うことはなきにしもあらずでは

ありますが、いずれもあまり行われていないようであります。ここでは、先ほど出てきたドイツのフォルクスワーゲンの事例を挙げたいと思います。ドイツでは、現在役員に対するマーケットマニピュレーションの刑事訴追が現在とまったままになっております。イギリスは会社法上日本でも参照されるセーフハーバー・ルールを持っているのですが、行政庁も取締役の民事責任については非常に慎重な態度をとっており、責任を追及した事例を

こうした状況についてはどういう将来的な動きがあるのか、いろいろ言われてはおります。環境が変わると、ヨーロッパでもこれを積極的に使う監督官庁もふえてくるのではないかと言う意見もあるようです。ただし、実際にはそうならないような制度作りをしている例もあるということで、論文の28ページです。非財務情報開示については、日本のサステナビリティ開示WGでも紹介されているアメリカのSEC規則法上のセーフハーバーとことなり、イギリスでは非財務情報開示に関するセーフハーバー・ルールは会社法上に設けられております。その内容は、知っていたか、重大な過失があった場合に、会社に対してのみ責任を負うという形をとっているので、もし何か虚偽開示があったという訴訟等があっても、役員が会社に対して損害賠償することになります。そのため、この訴訟を行うインセンティブがある人は、投資家というよりはNGOといった主体になると思います。

最後の段落ですが、企業がネットゼロを達成できていないことについて、取締役の責任を負わせようとする訴訟として、現在、ClientEarth v Board of Directors of Shell という訴訟が起こされております。これは現在、訴訟が提起されて進行中ですが、イギリスの会社法でどのようにこうした義務が取り扱われることになるのかの先例的な意義を持つ訴訟になるのではないかと思います。

以上のような世界的な訴訟の流れを踏まえたうえで、日本で何が起きそうかということです。日本では、イベント・ドリブン訴訟自体に関しては、結構起きているのではないかと思いますが、これがESG関連の虚偽記載を原因とする訴訟に拡張するかというところは不透明な状況です。近年のイベン

ト・ドリブン型の訴訟としては、例えば東芝役員に対する何らかの財務上の数値の虚偽を理由とする訴訟があります。また、日野自動車等の認証問題についても訴訟が試みられているようで、これらの例から見ると、日本で起きているイベント・ドリブン訴訟は、事故が起きる前に企業がどういうリスクを把握していたかを問題とするというよりは、あるリスクがあることが明らかになってから、調査されるにつれてだんだんにその中身が深刻になっていくという経緯を問題とするものであるように思います。すなわち、開示を小出しにすることに対して、適時開示が虚偽になっているのではないかと主張する訴訟が多い気がいたします。

認証において適切に扱われていなかった内容がグリーンウォッシュに近いものであった場合、主張の外形は世界の訴訟に近接してくるかなと思いますが、今までの日本の訴訟では、悪質な情報隠しが主張されているわけではなく、判例においてもその時点、その時点でわかっていることをきちんと開示していれば責任は問わないと判示されています。こういった訴訟にとどまる限りは、国内の訴訟で企業の責任が深刻な問題となることはないかなという気がいたします。

Ⅴ．企業および国家における反対の動き

ここまでが企業に対して提起されてきた訴訟についてでございましたが、企業側がどういうリアクションをとっているかについて、次に簡単に紹介いたします。どういうことかといいますと、まず、格付機関やファンドはESGについての情報発信を活発に行うことについて少し抑制的になっております。一方で企業は、本拠地を移すような訴訟回避的な動きを見せる企業もあるし、訴訟をして株主提案をとめようとするなど、いわば訴訟と戦うような会社もあります。

最後の戦う企業の好例はエクソンです。エクソンは、カリフォルニア州の市と郡が石油会社に対してさまざまな隠蔽によって州法に違反したという非難を行ったり、NGOが株主提案をしたりするのに対し、企業に対する嫌が

らせであると考えて非常に戦略的に対応しています。たとえば、自治体職員に対して「テキサスまで出向いてきて訴訟に応対せよ」ということを言って訴訟を遅らせようとしていますし、あるいは株主提案については、NGOから株主提案が毎年提起されているけれども、これに対する賛同がだんだん減ってきているという事実に依拠して「株主はイデオロギー的な特典を狙って株主提案手続を乗っ取っている」と主張し、アルジュナ・キャピタルからの提案は却下してほしいと裁判上で主張しました。この却下というのは、将来にわたり、この株主から提案ができないようにしてほしいという申立てであったようでございます。この訴訟への反論は示されず、この株主が自主的に「このタイプの決議に関する提案は、自分は将来的に行いません」と約束したので、裁判所としては、これ以上判断をしないという内容の却下が行われています。

　現状、ESG関連の株主提案がSECのノーアクションレターとの関係で企業による却下を受けにくくなっているので、アメリカのエネルギー会社としてはいら立ちがあるのだろうということではありますが、この間の経緯としては、気候関連提案は最初から門前払いだという判決を裁判所が下さないために、先に投資会社の側が自分の主張を取り下げしたという状況だったようです。判例が出ていないので、気候関連に関する提案は今後も出続けるということになります。日本と比べるとアメリカの企業はこうした株主提案に慣れていないので、非常に打撃を受けているということだと思います。

　それから、訴訟回避を選んだ企業の例としては、シェル社が挙げられます。先ほどMilieudefensie対シェルという訴訟が出てきましたが、オランダの裁判所からこのような判決がでたこと、また将来的にもオランダでは、政府に対する義務付け訴訟でも原告が勝っていることから、規制が非常に強くなることが目に見えているということがあり、同社は本社機能をロンドンに移転することにしました。そして、移転後に事業計画を改定し、最初にオランダで出していたコミットメントから、ある程度後退したものを出しております。

　最後に、開発の現場となっている途上国についてですが、途上国では

21

ESG の動きをみんな喜んでいるかというと、必ずしもそうでもない部分があります。例えば、発展途上国に対する投資は、規制が強化されるとか、環境が変わったということで、後から途上国の規制により停止が命ぜられることがありますが、その際に事業をストップできるか、あるいは停止したこと損失を誰が負担するかについて判断する法廷が問題となり、開発国の裁判所ではなく仲裁に持ち込むことが予定されています。これを ISD（ISDS）条項と呼びます。

　したがって開発されている現地の国は、自分の国で進んでいる開発を止めたくても、止めると仲裁でさまざまな補償が要求されるという傾向もあり、すぐに全部とめることが難しくなっています。メキシコの事例は、湾からの採掘を現地の漁師は嫌がっており、メキシコ政府も一度開発をとめようとしたけれども、ISDS があるので、どうしても開発は進めなければいけなくなった例であります。

　他方、自国の政府自身が環境よりも産業のために開発したいという態度を明らかにする場合もあります。ブラジルのボルソナーロ大統領が好例であり、先進国の訴訟が途上国の政策や方針と齟齬している場合もあるということです。先ほど出てきた Vale の事案については、環境汚染を問題とする自治が越境して、オランダやドイツで訴訟を提起し始めています。それに対して、地方自治体が外国の裁判所に訴訟を提起するのはおかしいということで、ブラジルの鉱業研究所がブラジルの最高裁判所に訴訟を起こしております。ブラジル国内でも議論が収拾しておらず、環境を保護したい自治体の動きだけが先進国に飛び火しているような形です。

　こうした動きはリーダーが個性的なブラジルに限ったものでもないかもしれません。パプアニューギニアのブーゲンビルという大きな鉱山は、開発をめぐってコミュニティが非常に不安定化したので、一回、鉱山が閉鎖されております。現地の住民としては、治安が非常に悪くなるので、もう開発をやめてほしいと思っているのですが、国としては開発を進めたいという立場だと言われています。また、論文で言及している。

最後に、国の政策自体が揺れ動いている場合があります。好例がアメリカで、アメリカの州には反ESG法を導入するものがふえており、今後の政局によってどうなるかが不確定です。

VI. 小括

いろいろと見てきましたが、以上のように訴訟は請求原因ごとに一般の民法、消費者保護の特別法、虚偽開示にかかる金商法などばらばらに起こされており、相互の関係についてある程度見通しをつけようとしても、国レベルで訴訟相互の関係の整理もそれぞれの訴訟類型における勝訴の可能性および救済の内容も、さまざまな部分がまちまちなので、訴訟によって最終的にESGリスクを内部化できると思うのは、なかなか難しいのではないかと思っております。

実務がどうやって対応するのかについては、例えばデータを使ってリスクが高い国や素材についてあらかじめ投資する金額を小さくするように長期的には調整するとか、保険を買っておくとか（保険も、保険会社の側が保険対象の事故から外すと使えなくなりますが）いったことも考えられなくはないので、最終的にESGに関するリスクをどこが受けることになるのかということは、訴訟だけでなく少しマクロ的に見ていったほうがよいかなと思っております。

ちょっととりとめがない発表になりましたが、本日の発表は以上になります。ご清聴ありがとうございました。

［討議］

○神作会長　松井先生、現在、大変注目されており、重要なテーマについて、広いパースペクティブからご報告いただき、見通しを与えてくださって大変ありがとうございます。

ただいまの松井先生のご報告につきまして、ご自由にご意見やご質問をお出しいただきたいと思います。どなたからでも結構です。会場でご参加の方

は手を挙げていただき、オンラインでご参加の方は手を挙げる機能その他で
ご発言の希望を寄せていただければと思います。いかがでしょうか。

○**大崎委員**　あまりよくわかっていない分野で、大変勉強になりました。
ちょっと確認的な質問をしたいのですが、今まで起きてきたさまざまな訴訟
の結果を見る限り、自社や子会社が何か問題を起こしたときの損害賠償責任
とか、それらに関する虚偽の開示が行われてしまったときの責任はいろいろ
な法域で認められる可能性があるけれども、上場会社の多くが気にしている
サプライチェーン全体におけるさまざまな問題の分析やリスク管理というと
ころまでは、直接それを怠っていたから責任が問われるというのは、現状で
はまだないという感じですか。

○**松井（智）報告者**　現時点ではありません。もっとも、先ほど出てきた親
子会社の訴訟では管理責任の中身が持株関係に基づく計画策定や指揮を行う
責任ではなく、継続的に相手方の会社の事業の中身を管理する責任にシフト
しているように思われますので、そういった目の付け所のシフトはちょっと
DDを思い出させてリスクがあるかなと思いますが、現在の訴訟の中身を見
る限りは、継続的な親子関係に基づいた訴訟しか管轄や責任が肯定された事
例はありません。アメリカでは、先ほど出てきたようにサプライチェーンに
係る訴訟が提起されましたが、却下になっているので、そういったことにつ
いての法的リスクはまだ出ていないということです。

○**大崎委員**　そうなると、あまりいいことではないと私は思うのですが、企
業としては、サプライチェーンについてはなるべく余計なコメントはしない
でおく。つまり、下手な開示をしていると虚偽開示になるリスクがあります
ので、なるべく黙っているというやり方が賢明なような感じもしたのですが、
それが現状なのですかね。

○**松井（智）報告者**　下手な開示をしないということですが、EU側では上
市規制があり、DDをちゃんとやって、中身に問題がありませんということ
については、ある程度開示をしなければいけないことになっておりますので、
最低限、出すものは出すという形になっているかと思います。それを超えて

子会社をしっかり管理していますとか、グループ会社が全社でCO_2排出を減らしていますといったような誇大な約束をするような開示は危ないというふうになっていくのではないかと思います。

○**神作会長**　今の大崎先生のご質問に関連して、私の記憶では、EUで成立した人権デュー・ディリジェンスのディレクティブは、確かに少なくとも人権関係についてはサプライチェーンも含めて一定の行為規範を定めていますが、しかし会社や経営者の不法行為責任は国ごとに決めるようにということだったと理解しています。EU加盟各国の法制で不法行為についてサプライチェーン上の責任を法定化しようという動きがあるのでしょうか。

○**松井（智）報告者**　神作先生はドイツについてはお詳しいかと思いますが、デュー・ディリジェンス・ディレクティブを国内法化しようとするときに、不法行為等も関連して、民事責任を認めましょうということが一時期あり、これは企業が非常に反発したので入れなかったのです。そういう意味では、民事責任を何に基づいて入れるのか。例えば人権という大きなものにかかわる請求権を新しくつくるのか、従来の不法行為訴訟の一定の損害みたいなものを想定するのか、そのやり方は国、法域によって大分違うと思いますが、ドイツとかは入れていません。フランスがどうだったか、ちょっと気になっているところですが、フランスについては企業注意義務法という会社法上の規定に基づいて、たとえば排出削減に関する計画を策定させ、その際に不策定や策定の際の重過失等があればそれにより損害を被ったものに対する責任を認めるという、不法行為類似の立法があります。

○**神作会長**　今、金融庁に設置されているサステナビリティ情報開示のWGでも議論になっている、いわゆるセーフハーバーについてお尋ねしたいと思います。サステナビリティ関連情報の開示が法制化されて整備された場合に、セーフハーバーというのは非常に重要になると思います。

　2つご質問がありまして、1つ目は、セーフハーバー・ルールを法令のレベルで定めるべきか。現在も非財務情報の開示にかかるセーフハーバー・ルールはあるにはあると思いますが、企業内容等開示ガイドラインにおいて「当

25

該将来情報に関する経営者の認識や当該認識の前提となる事実、仮定及び推論過程に関する合理的な説明がなされている場合のほか、当該将来情報について社内で合理的な根拠に基づく適切な検討を経たうえで、その旨が、検討された事実、仮定及び推論価値とともに記載されている場合には、」ただちに虚偽記載等の責任を負うものではないという形で記載されています。このような記載に法的拘束力がどこまであるかというのは、必ずしも明確でないというのが現状ではないかと思います。そのままでいいのか、あるいはむしろしっかりセーフハーバー・ルールを法令上明確にしたほうが良いのでしょうか。

　２つ目は、それに関連して、もしセーフハーバー・ルールを法制化したほうが良いという場合には、その要件について、ぜひこの機会に松井先生のお考えをお聞かせいただければと思います。

○松井（智）報告者　日本におけるガイドラインですが、これはアメリカで非財務情報がもともと将来の規制のインパクトなど非常に限定的に記載されていた時代に「将来情報」という名前が付いたタイプの情報についての法理が、その後Ｍ＆Ａのような非財務情報に関する記述情報全般に広がったものについて、日本で非財務情報開示をきちんと制度化する際に、企業が何がリスクなのかということについての判断が難しく、入ったものだと思っております。そういう意味では、最初の時点で「将来」と名がついておりますが、経営判断を反映するような「非開示」情報についてのガイドラインだったと思います。そのため、特にこのガイドラインのＱ＆Ａでは、最初、これはリスクではないと思って落としていたけれども後でリスクだとわかったというような不開示情報にかかる経営陣の判断の誤りの場合に責任を問われないかということが問題になっておりました。

　つまり、さっきのダムが決壊するかどうかわからないとか、そういう技術的な不確実性というよりは、いろいろある事業の中のどれがリスクなのかわからないというような認識の限界が出発点になってできたガイドラインなのではないかと思っています。他方で今般議論されているCO_2排出に係るサ

ステナビリティ情報は、言葉の上では将来情報として非財務情報とあまり区別されずに議論されていますが、第三者から入手したデータだと確実性が保証できないからという理由で、セーフハーバーが書かれようとしており、ガイドライン策定時に考えてられていたような情報とは質が異なっているように思います。

　最初にできたガイドラインの文言も、初出は企業から出たパブコメの質問に対する答えとして書かれたものでした。その際の質問から、最初の趣旨は企業の経営陣のリスク判断に係る情報が誤っていたと事後的にわかったときについて責任を問わないというものだったことは明らかです。ですが今将来情報としてWGで議論されている将来情報は、データの源泉が不確実なものを指しており、概念的にいろいろなものに対処するものになり過ぎているような気がしています。

　概念が多義的になっているものを、今から急に別との金商法のセーフハーバーとして文言化しようとすると、整理しなければいけないことが非常に多いため、現実的ではないと思いますが、もしそれをやるなら、一度正面からセーフハーバーという仕組みでどういう責任を軽減しようとしているのかの整理が必要なのかなと思っております。

　したがって、このセーフハーバーを、ガイドラインを超えて条文化することは現在は現実的でないと思います。繰り返しになりますが、もともと、ガイドラインは、アメリカの1995年の私的証券訴訟改革法で入ったセーフハーバーと似たような規定を作ろうとして策定されたのではないかと思いますが、アメリカでダムが決壊した事故について経営陣が虚偽開示をしたかどうかを訴訟上争う場合には、経営陣が中で何を知っていて何を知らなかったのかというのは、ディスカバリーが強力にあるので相当程度分かるのだと思います。つまり、決壊リスクの実情を知っていたのか知らなかったのか、知っていてあえて不記載にしたのか、疑わしいなかで間違って結果的に誤記載になったのか、ということまで多分わかるという前提なのだと思います。

　一方で、日本だと、そこが訴訟上わからないことを前提に、セーフハーバー

という体裁で、これも書きましょう、あれも書きましょうと書かせておいて、そこに合理性があれば責任免除という形になっている。立証責任が転換されているため書かないと責任が発生するかもしれず、かといって書かないという経営判断はどうしても残るし、書いたことが逆に責任原因となるかもしれないというアンビバレンスがあります。そのため、単にアメリカと同じ文言でつくるだけだと、同じように運用される保証はないように思います。

　特に従来のリスク情報は会社にとっての重要度で記載を決定しますが、ESGに関する非財務情報は定型的な部分もあり、経営陣が重要でないと判断した根拠や基準次第で書くか書かないかが左右されるような事項も混在すると思っています。そのため、従来の非財務情報のセーフハーバー・ルールと同じものを条文に書き込んで、「これで問題は解決です」と言っても、運用し始めればわからないことがたくさん出てきてうまくいかなくなるのではないでしょうか。

　そういう意味では、今はガイドラインの形でまとめるのが穏当なのだろうと思いますが、このガイドラインも、もう少しはっきりした基準をつくった上で、運用が正しくできるかどうかをある程度の期間をかけて見ていって、それから立証含め法律での対応を考えるというふうにやらないといけないのかなと、個人的には思っています。

○神作会長　大変勉強になりました。

○齊藤委員　本日は、私自身が不案内な領域につきまして、大変詳細なご報告をいただきまして、ありがとうございます。とても勉強になりました。私からは、本日ご報告いただいた不法行為関連の訴訟それ自体よりも、他のメカニズムとの関係につきまして、松井先生のご感触を伺いたいと思います。

　ドイツでは、サステナビリティ関係のデュー・ディリジェンス法制が整備されたときには、世界で初めてとなる、サステナビリティ専門の監督庁を設立されました。その担当官と先日意見交換をする機会がありました。

　先日成立したEUの関連指令においても、監督体制の整備が規定されていますので、今後、他の構成国においてもそのような監督体制が整備されてい

28

くのだと思いますが、ドイツでは、それに先駆けて監督体制を整備し、適用対象企業から提出された報告書のチェックをするようで、100人体制で動いているというお話でございました。人員は今後も増やしていきたいとのことでもありました。

　本日取り上げていただいた不法行為訴訟は、ESG関係政策のエンフォースメントのメカニズムの1つではあると思います。環境団体などは、このような訴訟は被害者への直接の救済、あるいは損害の回復というよりも、むしろESG政策のエンフォースメントとして行っている側面が強いと思いますが、このような仕組みに頼り過ぎるのは、弊害も多いように思います。このような社会に関係する政策は、公的な機関の監督のもとで実現されるべきもので、私的なエンフォースメントはそれを補助するものにとどめるというのが、ヨーロッパ、例えばドイツなどにおける捉え方ではないかと思われます。

　この点に関連して、日本では、例えば、非財務情報の開示関係には金融庁が力を入れているのは存じ上げていますが、それ以外の機関、経産省、厚生労働省、環境省等、そういうところが協力して、サステナビリティ関係のデュー・ディリジェンス体制を横断的に監督する体制を整備していくという動きはありそうか、また、そういう体制の整備を望ましいとお考えであるかについてか、松井先生のご感触を伺えるとありがたいです。

○松井（智）報告者　日本では経産省の人権DDが出る前に、環境DDに関しては、先に環境庁がつくったガイダンスがありました。そういうことで日本でも官庁ごとに分野別のDDをつくっているのですが、個別のガイドラインの問題はやはりエンフォースメントでありまして、各官庁ともガイドラインを作るのですが、実際にやる人を貼り付けていないというところが日本の大きな特徴というか限界ではないかと思っております。

　ステークホルダーにそのガイドラインの実践について監視させるという可能性についてですが、ステークホルダーエンパワーメントを使うことについては今回はステークホルダーがいっぱいいて交通整理ができないので副作用が大きいという話をいたしました。大きい話で不正確かもしれませんが、全

体的に日本は行政、特に政策をつくる部署が非常にコンパクトで、それを実際にインプリメントするところは業界団体とか、紛争を解決する私的機構とか、いろいろなもので補完するという形で制度をつくってきたという部分があるのではないかと思っています。その際に、今回出てきた不法行為みたいなものを担っていくような団体は自発的な組織化に任されてきた。そのため新しい主体をエンパワーすることを担う団体をつくろうという段になると、動きがのろいということなのかなという気がしております。

では、やはり行政が旗を振ってやるべきかという話になりますが、いまは行政も就職先として人気がないようで、CO_2排出に係る住民の利益とか、人権侵害に対する対策の監視とかだけを担当する部署や人員を作れないので、行政の比重を拡張するということが今できる環境かというと、なかなかそうでもないので、調整が難しい社会ではあるなと思っております。

おっしゃるとおり、ヨーロッパは基本的には行政が出ていって、こういったことについてはレギュレーションでやるという形をとったほうがいいというスタンスです。このやり方はステークホルダーの調整みたいなときには力を発揮するのではないかと思いますが、日本がそっち側に社会を切りかえられるかという問題なのかなと思っています。

なので、発表はしましたが、何かうまい提言ができるという形になっておらず、申しわけありません。

○齊藤委員　大変示唆に富んだ報告であったと拝察いたします。

確かに、ヨーロッパ諸国でこの種の政策を進めていくときの姿勢と、日本は随分違うところがあるかもしれません。予算のつき方も違うと思いますし、人のリクルーティングのチャネルの問題もあると思いまして、同じことが必ずしもできるわけではないと思います。予算の問題は、理念だけでは何ともならないかもしれませんが、このような複雑な政策について、分野横断的に目配りできる人を社会全体で育てていくという観点も必要で、社会のさまざまなセクターにおいて、そのような人が必要とされているという状態があれば、若い人たちが、そこに向けて自己投資をし、トレーニングをしていくこ

とが期待できます。また、そのような社会にしていかないと、この種の領域において、日本企業を支えるインフラが日本につくられないのではないかと常々思っているところであります。先生におかれましても、そういう面でもご活躍いただければうれしく思います。

○**松井（智）報告者** 今言っていただいた、分野横断的な規制の調整を図る人とか組織が必要なのではないかと思っているところであります。ありがとうございました。

○**三井オブザーバー** 非財務情報の一種の開示ルールという切り口で、本当は金商法に限らず環境開示だったり、横断的に見るべきなのですが、とりあえず会社法プラス金商法の非財務情報開示なり情報提供という切り口でいったときに、15年以上前だと、財務上はしっかりエンフォースメントしましょう、非財務情報はちょっとおいておきましょうみたいなぬるい状況だったと思います。

　その後10年強ぐらいは、ガバナンスとか内部統制とか、リスク管理という観点で、例えば不祥事があったときにはリスク管理とか内部統制とか、ガバナンス改革ということで、そこをもっと進めましょうというときのエンフォースメントとエンパワーメントは、あまりはっきりしない形でモワッと来たと思います。

　ゴーンさんの刑事事件で、このガバナンスの非財務情報の虚偽開示のいかなるものが法的に重要なのかとか、どこを超えるとスレッシュホールドを超えてペナルティがかかる程度の重要な虚偽なのかが議論になると思って期待もしたのですが、議論にならないまま逃げてしまった。

　今、非常に興味を持ったのは、気候変動は、そういう非財務情報全体の中で一体的に考えるものなのか、気候変動なりESGというのは別のカテゴリーだと考えるべきなのか、グローバルにはどういうトレンドなのだろう。ESGというと、非財務情報のガバナンスなどと一緒みたいに見えますし、環境はちょっと特別なのだとおっしゃっている方もいる。そうすると、特別な分野として、一種の財務情報と同じような会計基準みたいなものを、環境につい

て基準をつくって、その基準を会計基準みたいな少しメカニカルな部分も含めてエンフォースメントしていこうという感じなのか。どちらが望ましいかという議論もあるし、学問的にというか、グローバルにどうかというところもありますが、もしあれば教えてください。

○松井（智）報告者　これはISSBがつくっている基準の構造がどうなっているかというお尋ねになるのかと思いますが、当該基準では全般的なサステナビリティ開示にかかるいわば総則のほかに幾つかテーマをつくろうという動きになっていて、その中のS2という気候に関するところが先行しています。これをどう国内法で制度化するのかは国によって異なり、従来の執行機関が持っている規則の特則的な形でぶら下げる国もあるし、法令に定める企業の開示項目のなかにサステナの部分を定める国もあるという状況と思います。したがって、形は異なるのですが、国際的にS2すなわちGHG排出に関してだけは基準が先行して細目化しているので、それに対応するという点では、各国足並みがそろっていると思います。

　総則、S1で取り組むべき内容については、議論の潮流としては、ガバナンスとか、コンプライアンスとか、リスクマネジメントについて一般的に論じられる議論と軌を一にしており、リスクベースで企業が大事だと思ったところを特定してそこを書くという基本思想があります。CO_2とかの排出についても同じように、この企業のこの部門のここの排出が多いから大事だというところにフォーカスするということは、ある程度は許されるとは思います。ただ、CO_2についてはS2基準により書かなければいけないことが特則で細かく決まっているので、落とすわけにはいかないところがふえています。

　繰り返しになってしまいますが、S2の分野には特則があるため、GHG排出に係る開示は特別な開示だとも言えるのですが、書く姿勢としては非財務情報の一部としてのサステナビリティ情報として書くのだと思います。したがって、先ほど出てきたガイドラインの非財務情報開示が前提としているようなリスクベースでの記述を経営陣の判断で行う、たとえばこの事業は排出量のインパクトはほぼないと判断したので測定作業をせず不開示とする、と

いった総論的な開示はなお成り立ちます。しかし、S2の記載には技術的な部分があり、ここの事業はこのくらいGHGを排出しますという定量的なことを書かされるわけです。そこでの記載の誤りの原因の多くは、根拠として使われたデータの信頼性という技術的な話になってくるはずだ、というのが今般のWGにおけるサステナビリティ情報にかかるセーフハーバーの議論の出発点です。そういうことで、サステナビリティ情報のなかでも全体的なポリシーに係る記載の誤りについて問題となるところと各細目のところで違うものが相乗りしているのではないかという感じがします。

○松尾委員　ご報告ありがとうございました。大変勉強になりました。ご論文の28ページ、29ページあたりについて、少し具体的なことをお尋ねしたいと思います。

　日本でサステナビリティに関する開示のルールが入り、かつ、先ほどの議論だとセーフハーバーが、まずは将来情報に関する部分に限られそうだということでした。一方で、日本で既にイベント・ドリブン型の証券訴訟でサステナビリティに関係しそうなことが起きているものを見ると、必ずしも将来情報に関する記載ではなく、現に起こっていることについても情報の記載の仕方が問題にされてきている。これはアメリカでもそのような傾向が見られるというお話だったと理解しました。

　仮にそうだとすると、今後、日本でサステナビリティに関する開示と将来情報に関するセーフハーバー・ルールが導入されたときに、こういうサステナビリティに関係しそうなイベント・ドリブン型の証券訴訟にどういう影響があるのか。特に原告側として主張、立証がしやすくなるとか、企業の側で防御しないといけない点がふえるとか、そういったところを教えていただきたいと思います。グリーンウォッシュに絡めてそういうことが起きてくるのではないかという一文があったと思いますが、それがどういう意味か、教えていただきたいと思います。

○松井（智）報告者　今の日本のガイドラインの現状としては、先ほど言ったような非財務情報一般に関するパブリックコメントからスタートして、非

財務情報に関する注意書きだけれども将来情報という名前のもとでガイドラインができているという状況です。だから、今、成立しているガイドラインは、題名と中身がちょっと違っているかもしれない。

　その上で、さらに現在考えられているセーフハーバーはスコープ3といって、取引先も含めたGHG排出についての計算のやり方、計量の仕方についての誤りについて免責するという、もっともっと限定されたことについてのセーフハーバーを書こうとしているので、お互いの適用関係がよくわからなくなっているのではないかと私は思っているのですが、全体として、サステナ開示全般には、現在のガイドラインがまだ適用されると理解しています。サステナ開示WGでの議論では、今般作られるセーフハーバーと従来のガイドラインの適用関係については整理されていませんが、セーフハーバーの外側に落ちる部分については将来情報と書かれているけれども将来情報に限らない一般的な非財務情報に関するリスクとして現在のガイドラインで担保されているとすると、現状の状況は将来的には変わらないのかなと思います。

　他方で、イベント・ドリブン訴訟で問題となっているような情報は、必ずしも将来情報ですらないのではないかという点は注意する必要があると思います。

　アメリカとの比較をすると、アメリカでも、虚偽記載については、ヒストリカルファクツはセーフハーバーの対象ではないはずです。したがって、過去に起きたことを経営陣が把握していたことが立証できると、そこは責任の対象になります。そうすると、イベントが発生したあとの調査により、ある過去の時点で当該イベントが起きることを知っていたことがわかってしまうと、アメリカでもセーフハーバーで救済されることにはなりません。

　また、GHG排出にかかるセーフハーバーについていうと、日本とアメリカで違ってくる部分としては、現在のアメリカの最終の気候変動規則は施行停止になっていますが、その規則では、開示の射程がスコープ1と2といって、会社と直接に関係しているところのGHG排出についてだけに縮減された上に、さらにそこでファクトと将来の推測のミクスチャーになっている部

34

分については、まとめてセーフハーバーの対象としますと言っているということで、非常に開示は狭く、免責は広くしたルールになったという部分が挙げられます。このように、ミクスチャーであるとかヒストリカルファクツといった概念を使って責任のある部分とない部分の線引きを試みているということで、アメリカでも、そこの部分をどうするのかということを多分議論しているのだろうとは考えられます。

　日本の状況に戻りますと、日本のセーフハーバー・ルールについては何が対象になるのか、もう少し明確に頭に置いた上で議論したほうが、適用関係は明確になるのではないかと思います。日本では気候変動関係の開示についてガイドラインやセーフハーバーしかなく、これに企業が信頼して開示実務を行ってきたのに、突然その一部分が将来情報ですらなかったなどと言われて訴訟が起きてきたとすると、企業がどういうロジックでディフェンドできるのかについて議論がありません。そういった点が分からないのが気持ち悪いというのが正直なところです。

○松尾委員　大変よくわかりました。

○松本オブザーバー　ご説明ありがとうございました。証券業協会ということで、証券会社の立場からのご質問です。

　サステナビリティ開示で問題になるのは、先ほどおっしゃった適時開示書類や有報といった継続開示の関係が多いと思いますが、仮に発行開示で問題があった場合、日本でいえば目論見書の使用者責任とか、引受責任ということが問題になり得ると思います。海外でこういったことに関して仲介業者の責任が問われたり、問題になっているような事例があれば教えていただければと思いました。

○松井（智）報告者　EUやFTCの議論に出てきましたが、投資の証券を組成して売るときに、組成しているもののどのくらいがグリーンだと呼べる金融商品であり、そうだとすると、全体がどのぐらいグリーンだと売る相手に説明するのかという、金融商品を買おうとしている人との間での表示の責任が問題になります。ただ、アメリカではSECの開示規則の定義も広いわ

けで、金融商品の質の問題を開示の問題として整理するのかなのか、売っている人に対する売り方の問題と考えるのかという整理は、国によって少し違っているのかなという気がします。

　日本でやるなら、多分、売り方の問題なのかなと思うのですが、そこら辺はまだよくわかりません。

○**武井委員**　詳細なご発表を誠にありがとうございました。重要性が高い先端的な論点について、すごく勉強になりました。ESG訴訟についてここまで横断的に整理されたものは日本にこれまでなかったと思いますし、本当に新しいテーマですよね。今後すごくいろいろな形で議論を深めていかなきゃいけない。それは金商法研究会も含めてですが、まさに横断的にやらなければいけない話ですし、先生が最後におっしゃった外部性を内部化する手段のいいものは、結局、簡単には見つからないのかもしれません。しかもグローバルな論点だし、これはものすごく真剣に知恵を集めて考えなければいけない問題だということですね。すごく重要なテーマで、先生のほうで今後ともリードされて、また一種のライフワークとして取り組んでいただけましたらと思って聞いておりました。

○**松井（智）報告者**　1人でできる問題ではないと思っているので、ご紹介して、皆さんに考えていただくものでございます。

○**武井委員**　各論のほうで幾つか。まず、開示のあり方も考えなければいけませんが、1つおもしろいなと思ったのが、株主が証券訴訟的に自分でお金をもらうのではなく、会社にお金が行くべきではないかというご指摘です。ヨーロッパもそういうスタンスだから証券訴訟で投資家を救う方向性については後ろ向きなのか。ヨーロッパは、もともとサステナの開示で先行してきたわけですが、他方でアメリカでこういうイベント・ドリブン型訴訟が起き始めていて、それがいいか悪いかの評価はありますし、裁判所の評価もまだどうなるかわからないのかもしれませんが、ヨーロッパがそういうスタンスだというのはおもしろいなと思いました。そういうスタンスだからなのか、結果的にそうなっているのかはよくわかりませんが。株主が金をもらう前に

会社に金を戻せというのはおもしろいなと思いました。

○松井（智）報告者　この話は、先ほど齊藤先生からもご指摘あったと思いますが、ヨーロッパでは、全体として監督官庁がしっかり見て罰金を取るという形のサンクションが一般的です。したがってマーケットマニピュレーションについても、それ自身の立証は結構大変なのですが、不当なものは監督官庁がやってくれているから大丈夫という部分があるというのがヨーロッパです。

　他方で、アメリカは、SECだけでなく、いろいろな人に告発させて直そうという感じになっています。その過程で、ディープポケットの人たちからいろいろな賠償が払い出され、重複や社会的コストが発生するのはある程度しようがないという感覚であろうと思います。ただ、ESG訴訟は急速に広がっており、本当に今でもしようがないレベルの負担にとどまっているのか、この後、さらに訴訟対応コストだけでも非常に膨らんだ場合には、質的には今までもあった問題だとしても今後とも量的に耐えられるかということが問題なのではないかと思っています。

　日本だと429条1項の間接損害と呼ばれる損害については、一般的には会社が倒産しない限り、代表訴訟によって会社への支払いを求めるべきだという判例が確立しており、そのほうが紛争の解決としても好ましいという議論もあると思います。会社に対してのみ賠償するという規定は、多分、それと同じ発想で書かれているのかなという気はします。逆に、そういう目で日本の会社法を見ると、429条2項の事業報告の虚偽についての損害賠償責任はどうやって解釈するのかなというのが私の今のところの関心です。

○武井委員　ありがとうございます。会社法429条2項についても1項と同じように解釈すべきなのではないかと思います。そういう解釈論を展開すべきかなと。2項についてはまだ判例はないわけですが、そう解釈しないと逆にまずいのではないかということだと思います。それが1点めです。

　あと、ヨーロッパは監督官庁が行政的にちゃんと見ているから、プライベート（私的）なエンフォースメントでなく、マニピュレーションを狭くしてい

37

る。さっきの神作先生のご議論でのセーフハーバーのつくり方にも関連して
きますね。

○松井（智）報告者　ヨーロッパはセーフハーバーだからリスクがないとい
う論理ではなく、そもそも訴訟が起きにくい構造のためつくっていないので
す。

○武井委員　日本の法制に置きかえたら、今言っている論点はセーフハー
バーの在り方という論点になるわけですね。

○松井（智）報告者　日本は入れないと怖いと言われています。

○武井委員　マーケットマニピュレーションを狭くしているというヨーロッ
パのスタンスと、行政がちゃんと見ているからという話で、セーフハーバー
をどうつくるかの設計については、アメリカの1995年法とか過去のものと
の比較だけでなく、ヨーロッパの現状との比較も見て設計すべきなのかなと
いう話だと思いました。

　さらに言うならば、前回、私はDXを含めてアジャイル・ガバナンスの話
をしました。DXもサステナの一つのイシューでありますが、もともと企業
がどこまでのことをやるべきなのかということに関して、20年前、30年前
とかなら国とか行政がやってきたことが、国や行政とかだけではとても追い
つかない、ハンドリングできないと。そういうものについて、一定の部分を
企業にやってもらうというアジャイル・ガバナンスの話があって、この点に
ついてはサステナ全般に妥当しつつある話だと思います。

　さきほどの「ヨーロッパはある程度国が見ている」というのもそことの関
連で、私企業にいろいろ行ってもらうけれども、私企業が全部法的責任を負
えという話にはいろいろ限界ないし課題がある。先生が最後におっしゃった
外部化というESGリスクが全部内部化するものではない。その論点に全部
つながっているのかなと思って伺っていました。

○松井（智）報告者　ヨーロッパではマーケットマニピュレーション自体を
制限的に考えるという話との関連で日本法を見ると、日本はもともと虚偽記
載責任について立証責任の転換を行ったことによって、わざわざ訴訟を起こ

しやすくしたという経緯があります。この政策との整合性を考える必要が
あって、ワーキンググループの議論の中では、非財務情報とかサステナ開示
については、ここの転換自身をもう考え直してもいいのではないかという議
論もありました。

　そうすると、虚偽記載のエンフォースメントは私人に活発に行ってもらっ
て正しい開示を実現しましょうという今までの政策をもし転換するなら、結
構大きい議論をしないといけません。そのときに、どこまでの範囲を区切っ
てそんな話をするのか、非財務情報なのか、将来情報なのか、技術的な情報
なのかということも含め、今そこはオープンになっている感じではないかと
思います。

　金融庁的には、そこについて、現在は特に大きい法令改正とかはせずに、
ガイドラインで企業を安心させるというやり方を今やっていますが、もしか
すると、さっき言ったようなやり方ではうまくいかない、ガイドラインをつ
くってみたけど、うまく執行できていませんねという話になってきたら、さ
らに考える余地が出てくるのかなと思っています。

○**武井委員**　ありがとうございます。さきほどの三井さんとの議論にも絡ん
でくるのですが、財務情報を前提にした現行の虚偽開示のたてつけ、立証責
任の転換とか、いろいろな形でプライベートエンフォースメントをやりま
しょうという議論が、果たして非財務情報についてもそのまま妥当するもの
なのか。ガバナンスとかそこら辺の非財務情報だったらその中間なのですが、
サステナの非財務情報の開示まで、どこまでプライベートエンフォースメン
トをやりやすくするのが正しいのかという根本論があるわけですね。財務情
報の非開示とは性質が相当違いますので。

　なので、先ほどの三井先生からのお話や斎籐先生からのご指摘はすごく本
質を突いているのだと思います。サステナの話の開示は、何のために企業に
やってもらっているのかという目的論に絡んでくると思います。脱炭素とか
も典型ですが、負の外部性について、みんなで取り組まないとできない、何
とかチャレンジしていきましょう、難しいことをみんなでやりましょうとい

う話で、その観点から開示してもらって、やっているかどうかを見ましょうという話がスタートだと思っています。

　それが、最近はレジリエンスという概念にリンクしていて、こういった問題にちゃんと取り組まないと企業はサステナブルではないから、投資判断としても重要だとなってきた。そこまではいいのですが、さきほど「リスクをとった投資家」という表現もありましたが、会社とか債権者に先んじて株主が全部お金を企業から回収するというのが、本当にサステナとしてももともとやろうとしていた目的に合致しているのか。

　いろいろな措置が同時並行で起きて継ぎはぎになっていく中で、もともとやろうとしてきたことと、今の上場会社がいろいろなことを証券情報として開示している部分とのリンクをちゃんと張らないといけない。そういう意味では、非財務情報の中で、特にこの手のサステナ情報に関しては、これまでの財務情報と性格が違ってきているという論点なのだと思いました。

○**松井（智）報告者**　アメリカのCO_2排出訴訟について、消費者訴訟の場面でも虚偽記載という話が出てきましたが、今やっている企業の開示を見て分析する人が、統合開示等の影響を受けて多様化している部分もあります。投資家だけでなく、ほかの人も見ていて、証券訴訟とは違う訴訟で使う可能性があるので、誰のために何をやっていて、それをやると誰との関係で責任が発生し得るのかという議論は、サステナ開示の場面だけでなく、いろいろなところで議論しなければいけないのかなと思います。

○**武井委員**　株主以外のステークホルダーへの表示や開示についての民事責任の規定では、そんなに立証責任を転換していないのではないかとも思います。株主、投資家にはいろいろ仕組みがありますが、ステークホルダーは通常だったら不法行為責任の立証責任が求められています。あえて株主・投資家の方に立証責任の転嫁措置を与えていますが、それを維持すべき話なのかどうかという根本論があるなと理解しました。

○**松井（智）報告者**　Aという虚偽の開示があるときに、これをステークホルダーが不法行為で立証しようとしたら、原告が全部立証するけれども、

証券訴訟でいこうとすると、一部が転換されているとなったとき、ここは不均衡ではないかという議論は十分あるのではないかという気はします。

○武井委員　ありがとうございます。債権者の方は株を買えたヒトは簡単に株主にもなれます。財務情報の虚偽を前提にしたこれまでの証券不実開示のたてつけをサステナでどう考えるべきかという根本問題があって、その1つの各論が今のセーフハーバーの議論ですが、きょう先生のご報告をお伺いして、しかもグローバルな状況をお伺いしていて、相当根本的な深い論点があるなと思いました。先生、これからも研究を続けていただけましたらと。

○松井（智）報告者　ありがとうございます。

○神作会長　先ほど、松井さんがご自身で研究された会社法との関係ですが、私もそこは気になっています。

　例えば、金商法上、非財務情報が会社法に基づく事業報告記載されるべき情報とされた場合に、会社法がどのようにしてこれを受けるのかという受け方の問題と、さらに気になっているのは、計算書類に虚偽があった場合の取締役の責任、関係者の責任です。具体的には会社法429条2項の規定は何か見直すべきとか、あるいは手直ししたほうがいい部分があるのか。それとも、先ほど松井さんは解釈論によっても適切な結論を導く余地があると示唆されたように聞こえたのですが、その点も含めて、法改正が必要かどうか、もし立法するならこうすべきだというアイデアがあったら、ぜひ教えていただければと思います。

○松井（智）報告者　先ほどの話で、金商法上の立証責任の転換がある部分については、サステナWGではとりあえず現在、手をつけずに、ガイドラインの解釈論で行こうとなっていると思います。このこととの関連で、429条の2項の事業報告は、その前のディスクロージャーワーキングの話の中で、事業報告というか計算書類関係で有報を一本化して、中身を統一化していこうという話がありました。そうすると、財務書類に虚偽があったとなると、事業報告も虚偽だったのではないかと言われる可能性があります。429条の2項については、先ほど言った1項の間接損害と同じ議論ができるのかどう

かは整理されていないので、したがってリスクがあるなと今思っています。

　第三者に対する責任は、その人が属性として株主であるのか、そうではないのかということによって、立証責任が違っていてはいけないような気がしています。429条2項はもともと信頼する財務情報の経路を限定することで適用範囲を画する条文ではあり、そこを推し進めることもありえるのですが、会社の開示を見る第三者自体が多様化しており、不法行為の相手方である場合とか、消費者である場合とか、いろいろな人たちが異なる目的で事業報告を見ることがふえてきているので、そのときに429条の2項みたいなものを、その人たちの属性によって違うように運用していくことには無理がでてくるのではないかとは思っています。

　そうだとすると、どういう解釈論を立てることになるかということです。現状の解釈論では事業報告を見たことによって損失をこうむったと主張ができる人は投資家に限られます。しかし。そうした投資家だけが立証の負担を軽減されるわけではないのだ、と理解すべきだと思います。たとえば、金商法の議論になりますが、東芝の財務情報の虚偽記載訴訟においては、どこが虚偽記載だったのかを特定し、それが何に照らしてどう許されない書き方だったかどうかを立証することが必要ということが主張されました。つまり、主観要件はともかく、原告が立証する責任がある部分について、どこが「許されない」虚偽だったかを原告が立証するという構造だと主張されたわけです。

　非財務情報についても同様に考えると、原告は、会社の非財務情報の記載の仕方が株主の目から見て許されないような書き方だったということを立証しなければいけないのではないでしょうか。ある書き方、あるいは書かないという判断が、許されるか許されないかについて、それを経営陣が当然知っているべきだったかどうかも、株主がそのなかで立証することになるのかなと思っています。会社法の事業報告についても同じように考えると、原告が立証することのハードルは実は高くなります。たとえ主観要件の構造が原告に有利になっていたとしても、非財務情報で許されないものは何かという規

42

範の部分は会社ごとに異なりうるということなので、そこを立証することが難しいと理解することでバランスをとるべきかと今のところは思っています。

それでうまくいくのかどうかはちょっと自信がないので、私ひとりではなくみんなで考えていただきたいなと思っています。

○行岡委員　松井先生、本日はご報告どうもありがとうございました。これだけの分量の情報、しかもさまざまな分野からの情報を整理されたこと自体、大変なご苦労だったと思います。発言に先立ちまして、まずは心より敬意を表させていただければと思います。

さて、私からは、松井先生の、あるいは我々商法研究者の今後の研究の方向性について、松井先生のお考えをお聞かせいただければと存じます。今回のご報告で明らかにしていただいたように、現在、サステナビリティ関連で、各国でさまざまな形で、かつさまざまな裁判所において、企業に対する訴訟などが提起されている状況であります。

理論的な観点からは、大ざっぱに言いますと、サステナビリティ関連の外部性の最適抑止が政策目標になるのかなと思いますが、この観点から、今後、どういう方向で考えていけばいいのだろうかと、ご報告を伺いながら考えていました。

これについては、大きく2つの方向性があるような気がしています。その1つは、我々実定法研究者は日本法の研究者なので、これらの諸外国における事象を観察した上で、日本国内の法制度として、最適抑止を実現するためにどのように制度を考えていくべきかを研究していく、これが1つの方向性だと思います。

ただ、ご報告を伺っておりますと、事の性質上、それだけでは十分な検討とは言えないのではないかという気もしております。すなわち、さまざまな国で、さまざまな形でこういった訴訟が提起されている中で、かつ訴訟を提起する側は私的な主体であることもあるので、当然、自分にとって最も有利な形で訴訟を提起しようというインセンティブを持ちます。各国も、それぞ

れの利害に基づいてそういった紛争を処理していきます。そして、各法域間で、最適抑止の観点からのコーディネーションがなされるとは限らない、といいますか、恐らくそれは現実的にかなり難しいだろうと思っております。すなわち、国際的な規範の形成とエンフォースメントが並行的に行われていく現状のもとでは、最適抑止が実現できず、むしろ過少または過剰な抑止になってしまうことも懸念されるのではないか、そうすると、国内法だけのことを考えていたら十分ではないのではないか、とも思います。このように、国際的な動向を見据えながらトータルとしての最適抑止を考えていくという方向性が、２つめに考えられるかと思います。

　抽象的なご質問になってしまいますが、先ほど申し上げた最適抑止の観点から、我々研究者にどういうことができるのだろうかということについて、現時点での松井先生の見通しといいますか、我々が今後どういった形で検討を進めていくべきかといったことについて、お考えをお聞かせいただけませんでしょうか。

○松井（智）報告者　受け身な話で申しわけないのですが、一番後ろから２つ目のスライドにあるとおり、まず状況を整理すると、アメリカとかEUとかを見ると、どこの分野で誰がやっている、どういうタイプの訴訟が多いかというのは、比較的はっきり傾向がでているので、それぞれを見ながらこれが日本で導入されるのに適切かを考えていくということになると思います。

　日本は、そもそも訴訟の数は少ないのですが、これは行政訴訟でやりましょうとか、これは私的にエンフォースしたほうがいいですよという交通整理自体が、そもそもあまりないということが最初の問題かなと思います。それが日本国内の交通整理というか、先ほどの外部性を最適に内部化する、少なくとも日本の国内で法の見通しをよくするための第一歩だと思います。

　ただ、先ほど齊藤先生がおっしゃっていた話の中に出てきたように、これを担ってくれる人たちがいないと、整理しても、実際にはその請求を立ててくれる人とかがいなかったりするので、第一歩のところだけでも、実はいろいろとやることはあるだろう。法律をつくって解釈を整理すれば終わりとい

う話ではなさそうで、になってくれる組織や人がいるかなということを考えながら解釈論を立てるというのは難しいことなのではないかと思います。

　いずれにせよ、それは日本の国内での話で、その次のステップとして、国際的な調整があります。国際的な問題については、どこで訴訟を提起するのかがまちまちで、原告は提起しやすいところで訴訟提起しますし、被告企業も自分にとって都合がよさそうなところに越境したりするので、個別の不法行為訴訟については地域的な偏在性が将来的にもあるのだろうと思っています。しかし、CO_2訴訟に関してはどこでも起きるかなと思っています。そしてCO_2訴訟は行政に対する訴訟が起きるパターンと、企業に対する訴訟が起きるパターンの二つがあり、どちらのチャネルを使うべきかという態度について法域によって対応が全然違うので、政府ごとにというか、本当は国際的に調整したほうがいいところだろうと思います。

　他方でプライベートな証券訴訟については、これは訴訟の形態や管轄の問題というより、アメリカが軌道修正しない限り、アメリカで起きてしまうものは起きてしまいます。この場合、調整というよりは非常に巨額の訴訟が起きたときに、そういう訴訟の正当性について政府の間で話し合いをすることになるのではないでしょうか。そうはいっても、例えばヨーロッパでも、CO_2排出や人権の点で問題がありそうな商品を販売している域内企業に多額の課徴金を科すなどの形で、ステークホルダーにたくさんの損害を与えそうな企業に対するサンクションを強化することはあり得ます。したがって、アメリカの証券訴訟に限らず、法分野を超えて、そのサンクションはやり過ぎではないかという議論ができる場所が国際的にないと、調整は難しいかなと思っています。

○**行岡委員**　国際的な側面については、各国間の調整も含めて、現実問題としてなかなか難しい課題はあるけれども、しかし国内の問題だけに限定して考えてみても、まだまだ解決するべき、改善すべき点があるということで、そこに注力するというのが、まず第一歩としては重要なのかなと思いました。

○**三井オブザーバー**　時間になっているのに発言をしようとして、心苦しい

のですが、昔話を３分で終わらせます。

かつて、地球温暖化関連情報を金商法上開示してはどうかという、議員立法をも視野に入れた議論があったと記憶しております。具体的には、金商法上の法定開示書類にCO_2排出量等の開示をすべきという議論であったと記憶しております。

日本の金商法上の法定開示書面には、有価証券報告書や届出書等の他、財務情報に係る内部統制報告書、経営者による「確認書」（金商法24条の4の2）があります。

最後の「確認書」は、有価証券報告書や財務情報にかかる内部統制報告書等とはカテゴリーが若干異なっておりまして、例えば、罰則についてみると、刑事罰（有価証券報告書等は10年以下の懲役等）ではなく30万円以下の過料（金商法208条2号）である。民事責任についても、第21条の2（挙証責任の推定規定）において、適用対象となる書類は同法25条に列挙された書類とされていますが、その中で、この民事責任の挙証責任の転換規定の適用対象から確認書（25条4号及び7号）が外されています。

仮にCO_2情報が法定開示書類に含まれることとなったとした場合に、投資家にとって、気候変動報告書、あるいはCO_2の排出量報告書におけるCO_2排出量の虚偽記載が金銭的な被害に直結すると必ずしもいえず、伝統的なフロード（fraud）となるとは言い切れない。むしろ、気候変動報告書は、当時は、投資家が投資判断において重要な要素であり、定型的類型的にその虚偽があれば売買をしなかったであろうという情報である、と言えるかどうかは疑問がある。むしろ、パブリックポリシーとして企業行動を誘導するための開示であって、証券取引のお客さん、投資家が証券を買う契約の判断の重要な要素となる事柄とは言えないのではないか。CO_2情報を開示させて、一種のパブリックプレッシャーをかけようとしている。

そうだとすると、これは伝統的な財務情報の開示とその趣旨が異なるので、有価証券報告書等とは異なる、更には経営者による確認書とも異なる第三のカテゴリーの開示書類類型をつくる。そして、その虚偽記載に対しては、過

料より重くてもいいのですが、有価証券報告書等とは異なるペナルティ水準とし、民事責任推定規定を適用しないなど、法技術的に、従来の財務報告にかかる諸規定と書き分けなければいけないのではないか、ということを議論した記憶があります。もっとも、この時の議論は、結局法制化されることなく終わりました。

　このことを申し上げた趣旨は、松井先生がおっしゃっていたことと関連しており、当時、金商法の有価証券報告書等の開示制度は何のためにあるのか、気候変動関係情報を、有価証券報告書なり開示制度の中でどう位置付けるのか、他省庁なりほかの分野の規制と横断的になっている情報について金商法の制度とどのようにブリッジをかけるか、思い悩んだことから、参考までに紹介させていただきました。

○**神作会長**　そのあたりの議論は、何か文献とか文書になっていますか。

○**三井オブザーバー**　議員立法化の話はその後立ち消えになり、文献としては残っていないと思います。

○**神作会長**　大変貴重な情報をご教示いただき、本当にありがとうございました。

　ほかにご質問、ご意見、よろしいでしょうか。──予定の時刻を過ぎましたので、本日の研究会はここで終了させていただきたいと思います。

　冒頭にも申し上げましたが、本日、松井さんからご報告いただいたテーマは、本研究会で、今後、繰り返し扱われることになる、それだけ重要で、かつ動きがある分野ではないかと私も直感的に思いました。松井先生、本日は大変貴重なご報告、ありがとうございました。

○**松井（智）報告者**　ありがとうございました。

○**神作会長**　次回の研究会は、議事次第にもありますように、12月25日（水）、14時から16時に開催させていただきます。行岡先生からご報告を行っていただく予定でおります。

　本日はこれにて散会させていただきます。お忙しいところ大変ありがとうございました。特に松井先生、ご報告ありがとうございました。

47

報告者レジュメ

サステナビリティ関連訴訟の近時の動向

松井智予

問題意識

当初・・・訴訟の状況の確認・紹介
↓

- 1　訴訟を通じたステイクホルダー・エンパワーメントが無秩序に行われる＝同時並行的に訴訟が増加することによる再分配の非効率性（従来からある問題の拡大）

- 2　責任負担の増加が見通せないことにより開示に後ろ向きになる（ESG-Hushing）企業が増加、移行コストが禁止的に高くなるというデメリット（1が原因で新しい課題であるサステナビリティとの関係で不都合が発生）

- 3　日本における法律間の交通整理の必要性（欧・米・日本ではどうなっているか）

訴訟の現況

誰が/何について/誰を/訴えることができる（べき）か

発表の全体構造

- I　　　企業の対第三者責任
- CO２排出にかかる気候変動関連訴訟（垂直訴訟・水平訴訟）　7頁
- （1）行政訴訟と不法行為訴訟の関係
- ※日本においても行政訴訟・民事訴訟が混在して提起されている。
- 局地的事故・人権侵害の不法行為訴訟（国内訴訟・国際訴訟）9頁
- （2）現地の不法行為訴訟の制限/人権に基づく親会社への請求
- ※現地法人に対する請求が困難なため、管轄を拡張する法理が発展
- 2　企業の対消費者責任
-     製品表示にかかる景表法・不競法関連訴訟　　　　12頁
- 3　企業の対投資家/株主責任　　　　　　　　　　18頁
- SECの活動状況
- 企業の経営にかかる開示の促進の目的
- EU...サステナビリティ投資の促進（投資家は相応のリスクを負担）
- US...開示不全によるサステナビリティ関連リスクの回避（投資家保護）

- →USでは証券訴訟（特にイベント・ドリブン訴訟）のサステナビリティ開示への波及の恐れがあり、将来情報に関するセーフ・ハーバー・ルールの必要性　19頁
- →同様の訴訟が広がることはありうるか？　　　25頁
- ※ドイツの場合
-     ディーゼルゲート事件の不実開示・相場操縦責任？
- ※イギリスの場合
-     不実開示責任の認定に消極的な立法・司法
-     会社法上のセーフ・ハーバー・ルールの存在
-     会社法に基づく取締役の責任
- ※日本の場合？
-     東芝有価証券報告書虚偽記載事件
-     東電株主代表訴訟
- 4　ESG運動への政府・企業の反発について　28頁
- 企業...アクティビストの提訴、責任の重い国からの退避
- 国家...開発への悪影響・反ESG法

1（1）　気候変動訴訟

- いわゆる気候変動訴訟の内訳
- 2023年11月までに申し立てられた件数・2485件
- アメリカ　　　　　1678件
- オーストラリア　134件
- イギリス　　　　100件
- ブラジル　　　　77件
- EU(ドイツ除く)　69件
- ドイツ　　　　　54件
- カナダ　　　　　35件

- ※アメリカでは私人間訴訟の制限
- ※EUでは私人間訴訟がみられるが、例えばオランダではUrgenda訴訟（国の削減目標の引き上げを求める行政訴訟）→Milieudifensie v. Shell訴訟
- （CO2削減の道筋を示す政府の責任肯定→企業が削減を行う義務について司法判断厳格化）
- ※ベルギーのKlimaatzaak訴訟では、国が適切な気候変動対策をとっておらず、欧州人権条約に基づく国の義務を果たしていないとの判断（管轄の縛りの緩和）
- ※日本では環境NGOに訴権が認められていないが、住民が民事訴訟2件・行政訴訟2件を提起

1（2）　不法行為訴訟

- Vedanta訴訟
- 　ザンビアの銅鉱山における人権侵害について、イギリスの親会社に対する
- 　不法行為
- 　ザンビア環境法違反
- の責任追及
- 管轄権・責任を肯定
- カナダでも同様に管轄肯定

- Appleほか訴訟
- 　コンゴの銅鉱山における児童労働の人権侵害について、取引先のTech大会社に
- 　不法行為
- 　責任追及
- 管轄権否定

２製品・広告表示と消費者訴訟

- EU　グリーンウォッシュ指令（委員会案）・第三者エンパワーメント指令（発効）
- US　FTCガイドライン

- ディーゼルゲート事件（フォルクスワーゲン自動車のGHG排出にかかる表示の虚偽）
- ←→日野自動車排ガス不正事件（カナダ）
- 自動車の温暖化ガス排出問題は、多くの製品の購入者による消費者訴訟と賠償によって決着
- ※証券刑事訴訟は見られるが低調
- 従前からある問題ー消費者への賠償と投資家への賠償の併存とすみわけ

- 2019年にVolkswagen経営者が装置使用について金融市場に適時に通知しなかったとして告発（市場操作）→
- ドイツの裁判所、VWの元CEOに対する刑事訴訟を停止 |ロイター (reuters.com)
- https://www.reuters.com/business/autos-transportation/former-vw-chief-tells-court-he-didnt-deceive-investors-over-dieselgate-2024-02-14/#:~:text=Feb%2014%20(Reuters)%20-%20Former%20Volkswagen%20(VOWG_p.DE)%20chief%20executive%20Martin

---

３投資家に対する開示と証券訴訟

- EU　サステナ開示の推進
- US　ファンド・投資顧問にかかるESG開示規則案/登録企業に対する気候変動開示規則
- ↓
- 証券訴訟および執行機関の積極化・罰金や訴額の拡大（Exxon事件・Vale事件）＋内部告発者に報奨金（DWS）
- ＝執行機関による提訴拡大の可能性
- →ステイクホルダーによる請求額と証券訴訟での和解額・行政機関からの請求の相互関係？

- 民事証券訴訟が拡大する可能性？
- ヨーロッパは不実開示責任の立証責任軽減なし、執行不による刑事訴追も抑制的
- イギリス…ステイクホルダーへの不法行為又は消費者訴訟による賠償＋アクティビストからの会社訴訟の組み合わせ
- 日本…
- 開示はヨーロッパ型を追及・セーフ・ハーバー・ルールを議論中
- 開示に伴う責任の原告負担軽減＝株主からの代表訴訟・投資家の証券訴訟？

状況の整理

- アメリカ…CO2訴訟は政府が当事者
- 越境不法行為訴訟は下火
- 証券訴訟が増加／SCOPE3開示廃止、規則施行停止等

- EU・英…CO2訴訟は水平訴訟も可
- 越境不法行為訴訟も可
- 消費者のグリーンウォッシュ救済促進
- 投資家による相場操縦・不実開示の主張は困難　サステナ開示推進
- 会社役員の責任を問う訴訟の存在

- 日本…CO2訴訟は少ない・水平訴訟も可？（不明）
- 越境不法行為訴訟はほぼ不可
- 消費者エンパワメントの動きなし（日野・トヨタ・日産など自動車会社に対する消費者訴訟は米・加・オーストラリア・韓国で提起、国内ではなし）
- 民事責任緩和によりイベントドリブン的な証券訴訟が発生、一方でサステナ開示推進中
- ４２９条により会社役員の責任を問うことが可能

４会社対応・政府政策の揺り戻し

- Green Hushing
- Exxonによるアクティビスト株主による株主提案却下の申立て
- Milieudifensie判決後のShell本社のオランダからイギリスへの移転、移転後の排出削減目標の引き下げ
- 金融機関組織（GFAMZ）における脱退問題

- 現地政府による訴訟制限など
- 　ブラジルの地方自治体が欧米での訴訟に参加することは可能か
- ESG制限立法
- 　株主間の対立に注目（S）、地方の産業に配慮（E）、
- 　スクリーニングの禁止など
- SEC開示規則に対する提訴と一部中止

サステナビリティ関連訴訟の近時の動向 [1]

内容

1 総論 2

  1－1 訴訟リスクによる移行コストの増加 2

  1－2 訴訟の全体像 4

2 不法行為訴訟 7

  2－1 気候変動訴訟の分類と動向 7

  2－2 鉱業における人権・環境侵害と不法行為訴訟 9

    a. Vedanta 訴訟 10

    b. Shell 訴訟 10

    c. African Minerals/Nevsun Resources Ltd. 11

3 製品・広告表示と消費者訴訟 12

  3－1 欧州の規制と訴訟 13

  3－2 アメリカにおける消費者訴訟 16

4 サステナビリティ開示と投資家訴訟 18

  4－1 アメリカ・非財務開示関連規制の進展とそれに伴う責任 18

  4－2 証券訴訟—虚偽記載に起因する損害賠償 20

    a. 株主によるエクソン・モービル社の証券詐欺訴訟 20

---

[1] 近年の動向につき、https://www.lse.ac.uk/granthaminstitute/wp-content/uploads/2023/06/Global_trends_in_climate_change_litigation_2023_snapshot.pdf 、https://www.clydeco.com/en/insights/2022/07/insight-on-the-global-trends-in-climate-change-lit#_ftn12

1

b. 株主によるダニマー・サイエンティフィック社の製品にかかる表示の虚偽 . 21

c. SEC および投資家による Vale 社の証券詐欺事件 22

d. SEC による BNY メロン社への罰金・是正措置 25

e. ＳＥＣによる DWS　Investment Management Americas への罰金 25

4－3　アメリカ以外における証券訴訟 26

4－4　日本におけるイベント・ドリブン訴訟 29

5　企業および国家における反対の動き 29

5－1　訴訟の妨害・却下申立て 30

5－2　自主的目標の後退、会社の撤退 31

5－3　投資協定や途上国の政策との調整 33

a.　ブーゲンビルの閉鎖銅鉱山関連訴訟 33

b.　ブラジル銅鉱山責任追及訴訟 34

c.　メキシコ沖合リン酸塩採掘問題 35

5－4　アメリカにおける状況変化と政治的反発 35

小括 37

1　総論

1－1　訴訟リスクによる移行コストの増加

　サステナビリティは従来、企業に自主的導入インセンティブがある課題と説明されてき

2

たが[2]、近年、規制による義務付けが急速に拡大しつつある[3]。会社法で典型的に問題とされるのは、投資家との関係での開示（サステナビリティ開示）やリスクマネジメントにかかる経営陣の責任であるが、その他の利害関係者の権利を保護するためのサステナブル関連行為規制も導入されつつある。事業者との関係では、デュー・ディリジェンスの形でサプライチェーン上のリスクの洗い出しと対処を求める規制が導入されつつある。また消費者との間では、商品やサービスにかかる表示についてグリーンウォッシュ規制が登場している。

　近年では、こうした規制を梃子として、行政及び私人による責任追及がいずれも急増している。CO_2排出に係る責任を例にとると、①企業は過去の活動によって排出したCO_2を原因として、被害を受けた地域住民等からの不法行為訴訟に直面するだけでなく、②自社が策定したCO_2排出実績や削減計画についての開示や表示の誤りが発覚した際に、投資家から虚偽記載による損害賠償責任訴訟を提起され、③誤りに基づく商品を購入したことで損害を被った消費者からの消費者訴訟を提起され、さらに④将来のCO_2排出量削減計画について国家からも計画達成を求められ、消費者・投資家からも推進圧力を受ける。法域によっては、内部告発者に報酬を与える制度によって法令違反に関する訴訟リスクが増幅する可能性もある。

　したがって、企業にとっては、過去あるいは将来の排出量の算出に不備があれば訴訟リスクが発生し、サステナブルな社会への移行に際して企業に転嫁されるリスクが大きいことが―少なくとも国・地域によっては―明らかになりつつある。これに対する企業の対応は多様であり、多様性に係る開示へのバッシングがあるアメリカでは、ESG開示について消極的になる動きがみられる。こうした動きに反発し、投資家に対して訴訟を提起したり、あるいは気候変動に重い責任を負わせる国から退出する企業もある。さらに、保険や金融業界では、移行リスクを定量化し金融に反映できるか検討されるようになっている。

　現状、訴訟の標的となりやすいのは、エネルギー分野や銅などの基幹的な資源採掘分野において寡占状態にある、大規模・特定業種・特定地域操業の企業である。そのため、訴訟リスクの増大は必ずしも日本企業の目には見えていないかもしれない。しかし、チョークポイントにある企業のサステナビリティ経営への移行コストは、価格移転によって産業全体に波及しうる。また、保険収支の不安定化、国家による補償額の拡大による財政の悪化などの影響も考えられるため、法的なものも含めた移行コストには注意を払うべきである。

　一方で、訴訟による外部不経済の内部化（およびその結果の再分配）が望ましい結果をもたらすかは明らかでない。企業によるステイクホルダー利益の侵害に対しては、従来から民

---

[2] 企業の導入インセンティブとして、①投資家のインセンティブ（サステナビリティ銘柄であることによる資金調達の円滑化）、②消費者への訴求などが挙げられる。

[3] 規制の方向性としては③開示規制・④国際取引における上市規制対応（デュープロセス規制・バッテリー規則など、サステナビリティ開示）、本稿で述べるものを含む法的責任とステイクホルダー・エンパワーメントがある。

3

法の不法行為の規律のほか労働法他の人権擁護にかかる法律、景表法や競争法などの取引の公平を図る法律が存在し、損害賠償のほか行政罰としての課徴金が導入される行為もある。また、経済安全保障や資源確保といった政策的な考慮にサステナビリティという名が冠されている場合には、ステイクホルダーの損害には別途国家補償が与えられるかもしれない。こうした法令上のサンクションも含めた総合考慮によって、再分配やインセンティブ付けを検討することは重要に思える[4]。しかし、サステナビリティ関連規制は、公益に関連する課題を企業に洗い出させ、リスクベースで取り組ませ、その内容を開示・報告させ（場合によっては公益通報の形で告発させて明るみに出し）、ステイクホルダーによる訴訟に曝し（ステイクホルダー・エンパワーメント）、同時に行政もチェックをするという形で執行されるので、私人が重点的に利益を考慮するステイクホルダーやエンパワメントの結果実際に積極的に活動できるようになるステイクホルダーは、法がその利益を守ろうとしているステイクホルダーと一致しない可能性がある。

　本稿ではサステナビリティにかかる行政および私的エンフォースメントとしての訴訟の現在の全体像について、なるべく巨視的に整理し、検討の基礎を提供することを試みる。

1－2　訴訟の全体像

　企業のサステナビリティ（CO2排出のほか人権や環境汚染など）をめぐって提起される訴訟には、以下のようなものがある。

① 不利益を受けた現地住民等が CO2 排出や人権侵害などの過去の不法行為に対する損害賠償を求めるもの、

② 環境団体・市民団体（あるいは行政庁）が、が企業の将来にわたる活動につき制限を求

---

[4] 私人による企業への責任追及と国家の主権による政策遂行とは複雑な関係に立つ。たとえば、ブラジルでは森林開発・鉱物採掘を優先する政策がとられた時期があり、先住民の同意等憲法で定められた制限に関わらず保護区を鉱業に開放する大統領令が推進されたり（Sue Branford and Thais Borges,"Bolsonaro's Brazil: 2020 could see revived Amazon mining assault — part two" 31 Dec. 2019 Mongabay.com, (https://news.mongabay.com/2019/12/bolsonaros-brazil-2020-could-see-revived-amazon-mining-assault-part-two/)、違法な伐採をなくすために伐採をすべて合法化する法案が提出されたりした. Meghie Rodrigues,"To end illegal deforestation, Brazil may legalize it entirely, experts warn"20Dec.2021, Mongabay.com (https://news.mongabay.com/2021/12/to-end-illegal-deforestation-brazil-may-legalize-it-entirely-experts-warn/)。一方で、こうした政府の立場にも関わらず、外国での環境汚染訴訟によって（たとえばブラジルでの大豆栽培に伴う森林破壊について、環境NGOが米国で訴訟を提起した Michael Holder,"Cargill faces legal complaint in US over alleged soy deforestation 'failures'" 04 May 2023,Business Green (https://www.businessgreen.com/news/4113289/cargill-legal-complaint-us-alleged-soy-deforestation-failures)、大企業ほどブラジルへの環境配慮を要求され、環境負荷の高い小規模開発が増加するかもしれない。

めるもの、

③ 競争相手や消費者（製品等購入者）が商品の表示や不正競争に関連して、企業の製品やサービスにかかる虚偽表示の差止や修正を求めるもの、

④ 投資家が、現在あるいは将来の経営計画と実態の乖離を虚偽記載と解釈し、そうした表示と異なる事実が明らかになったイベントを契機として証券訴訟を提起するもの。

　①・②訴訟のうち、特に先進国の裁判所に CO_2 排出を原因として提訴される訴訟を、一般に「気候（変動）訴訟[5]」の「水平訴訟」と呼ぶ[6]。①の不法行為訴訟自体は現地でも提起されうるし、また気候を原因としない場合もあるが、CO_2 の排出は不法行為地がどこであっても生じうるため、先進国で気候訴訟が提起されやすくなっている。また、「水平訴訟」は、国民または非政府組織が国に気候変動を遅らせるためのより厳しい措置の実施や、合意された措置を厳格な法律や規制手段に移行させる措置を義務付けさせるための「垂直」な気候訴訟に対置される概念である。

　水平訴訟のうち①の類型のものとして、Lliuya v RWE が挙げられる。ペルー在住の原告が、気候変動により氷河が融解したことを理由に、家の立て直し費用の一部を過去の環境破壊に貢献したドイツの企業に求めた事案である。②の類型では、原告が企業に将来の CO_2 排出量の削減を強制しようとする 2021 年の Milieudefensie v. Shell の判決が有名である[7]。原告は、政府だけでなく株式会社（シェル社）にも、温室効果ガス排出量を削減するための措置を講じる注意義務があると主張した。その根拠は欧州人権条約（ECHR）の生命に対する権利（第 2 条）および私生活、家族生活、家庭、通信に対する権利（第 8 条）によって補充されるオランダ民法の第 6 条 162 項に求められている。原告は、Shell が気候変動に関して長年にわたり知りつつ気候変動に関する誤解を招く記述を続け、また気候変動を減らすための行動も不適切であったとして、シェルがオランダ市民を不法な危険にさらし、またその行動が危険な過失を構成すると主張した。ハーグ地方裁判所は同社に対し、2030 年までに2019 年比で 45% の CO_2 排出量削減を命じた。

　こうした水平的気候訴訟は地域的にも、訴額の面でも拡大し、EU では上記の通り先駆的

---

[5] 大坂恵理「アメリカにおける気候変動訴訟とその政策形成および事業者行動への影響（1）」東洋法学 56 巻 1 号 85－108 頁（2012 年 7 月）、川端健太ほか「日本における気候変動訴訟の近時の動向―神戸石炭火力民事訴訟地裁判決（神戸地判令和 5 年 3 月 20 日）」https://www.mhmjapan.com/content/files/00069337/20231122-103926.pdf、島村健「日本の気候変動訴訟」
https://researchmap.jp/read0133579/published_papers/41313040

[6] 政府との関係で出されたオランダのウルゲンダ事件、フランスのグランドシント事件判決に対し、シェルやトタルに対する訴訟提起が対置されることを紹介するものとして、中西優美子「欧州での気候変動訴訟にみる企業の責任」経団連タイムス 2022 年 3 月 24 日 https://www.keidanren.or.jp/journal/times/2022/0324_12.html、
https://www.mcgill.ca/business-law/article/horizontal-climate-lawsuits-european-courts-bridging-gap-between-causers-and-victims-global-warming

[7] Phillip Paiement, "Reimagining the Energy Corporation: Milieudefensie and Others v Royal Dutch Shell PLC"
（https://papers.ssrn.com/sol3/papers.cfm?abstract_id=4218965）

5

な事例が生まれている。また、こうした訴訟の多くは特定の有力な団体によって担われてきたが[8]、部族や個人による訴訟提起も起きている。

　気候変動以外の不法行為に基づく訴訟として鉱物資源開発における人権侵害訴訟がある。これは、不法行為地が明確なため、原則として操業地での訴訟が求められるが、救済が十分でなく、原告や不法行為地を問わず管轄を肯定する法（ATS）が存在するアメリカでも訴訟が試みられてきた。アメリカではこうした訴訟の可能性を否定する最高裁が出されたが、それ以降の訴訟はヨーロッパ（特に多くの植民地を持っていたイギリス）で提起され、近年では勝訴事例も出るようになっている[9]。このほか、カナダなどでもその主張が認められた例がある[10]。

　③の類型は、消費者による景表法・不正競争防止法関連訴訟であり、多くは差止訴訟の形態をとるが、製造物責任法類似の損害賠償訴訟の形をとることもある。有名なのが、フォルクスワーゲンの CO_2 排出基準の認証不正（いわゆる「ディーゼルゲート事件」）にかかるイタリアの消費者訴訟であり[11]、この分野の訴訟の多くもヨーロッパで提起されているといえる。

　④の類型は、証券詐欺訴訟であり、2021年以降ＳＥＣが強力に推進しているほか、価格下落の損失に対する補償を得ようとする投資家がアメリカにおいて活発にイベント・ドリブン訴訟を提起している。

　これら訴訟は互いに政策的に調整されていない。訴訟の類型や原告の属性に関わらず企業のサステナビリティ課題に対する取り組みの実績や計画に関する開示が重要な手がかりとされるなど、訴訟には共通点もあるので、様々なステイクホルダーを考慮して内容を一貫させたような開示によって望ましい調整がしやすくなるようにも思える[12]。しかし、そうし

---

[8] Michael S. Breve, "The Private Enforcement of Environmental Law"65　Tulane L.Rev. Issue 2（1990）
　（https://www.tulanelawreview.org/pub/volume65/issue2/the-private-enforcement-of-environmental-law　市民訴訟条項が環境保護団体が汚染者から金銭を徴収することを許していることで、執行カルテルのようなものが生じ、そのインセンティブが報酬うによって左右されていることや、他に環境保護活動を補助できるシステムがないため現状が維持されていることを指摘するもの）。

[9] Vedanta Resources Plc and Konkola Copper Mines Plc v Lungowe and Others [2019] UKSC 20.（https://www.supremecourt.uk/cases/uksc-2017-0185.html）

[10] Angelica Choc et al v. Hudbay Minerals Inc et al、2013 ONSC 1414、および2件の関連訴訟において、オンタリオ州上級裁判所は、カナダの親会社が外国子会社の事業における人権侵害についてカナダで法的責任を問われる可能性があるとの判決を下した（関連訴訟 Caal Caal v. Hudbay Minerals Inc., 2020 ONSC 415 (CanLII)は係属中）。（https://www.lexpert.ca/archive/ontario-superior-court-decision-in-choc-v-hudbay-minerals-paves-way-for-defining-responsibility-of-canadian-companies-with-foreign-operations/348931）（https://chocversushudbay.com/）

[11] 2024年5月15日、フォルクスワーゲンとイタリアの自動車所有者を代表する団体とが、5000万ユーロ以上の和解を発表している（https://uk.finance.yahoo.com/news/volkswagen-reaches-54-million-dieselgate-134545345.html?guccounter=1）。

[12] 統合報告の一つの思想的源流として、国際統合報告フレームワークにおけるオクト

た開示に対して訴訟を提起できる主体（NGO など）、訴訟を提起しやすい法域や認められる救済、主体などは相変わらず異なっており、望ましい形での内部化につながる保証はない。

2　不法行為訴訟

2－1　気候変動訴訟の分類と動向

　気候変動訴訟の件数は増加している。2023 年 11 月までに申し立てられた 2485 件の世界での訴訟のうち、1678 件はアメリカで申し立てられている。残りの 807 件のうち、134 件はオーストラリア、100 件はイギリス、77 件はブラジル、69 件は EU、54 件はドイツ、35 件はカナダであるという[13]。訴訟の件数としてはアメリカが群を抜いて多いが、同国での訴訟は積極的な政策を進めたい州政府が連邦政府を訴えるなど、合衆国環境保護庁（EPA）に対するものも多く含まれる[14]。連邦の政策は政治動向に大きく左右され、EPA が積極的に動く時期もあったものの、2022 年には保守化した米国最高裁が EPA の権限を抑制する判決を出している状況である[15]。水平訴訟については、コネチカット州やニューヨーク州がアメリカ発電会社 5 社に対して求めた差し止め訴訟の 2011 年最高裁判決において、EPA による大気浄化法の規制がある場合にはそれが優先するとして、原告から対企業への司法手続きを認めない判断が出されている[16]。

　こうした経緯もあり、水平訴訟における原告の請求が認容される例はヨーロッパで先行している。ただし、アメリカで企業に対する気候変動訴訟が提起されていないわけではなく、各州政府（マサチューセッツ州、ミネソタ州、ワシントン D.C.等）から石油会社に対して、

パスモデルが挙げられる。もっとも、一定の取引上の秘密や国家政策に基づく事業活動については、事業活動の内容を明文化できず、ステイクホルダーが望むような経営ができるかどうかを説明することも難しい場合はありうる。また、そうした秘密や政策によって企業の将来的な事業活動計画が制約される場合（たとえば買収先事業が国家の基幹産業であり、産業/雇用にかかる政策考慮が働く場合）
（https://www.veolia.com/en/newsroom/press-releases/veolia-offering-suez-preserve-its-activities-france-within-same-group）、制約された経営判断によってステイクホルダーに生じた影響に対して、企業側が説明することも難しいだろう。
[13]Thom Wetzer , Rupert Stuart-Smith, and Arjuna DibleyAuthors Info & Affiliations , "Climate risk assessments must engage with the law" "Science 11 Jan 2024 Vol 383, Issue 6679 pp. 152-154 参照
[14] 大坂恵理「アメリカにおける気候変動訴訟の現況‐訴訟を通じた気候正義の実現に向けて」日本の科学者 Vol.57 No.12　P699
（https://www.jstage.jst.go.jp/article/jjsci/57/12/57_19/_pdf/-char/en）。
[15] CNN 記事"米最高裁、気候変動と闘う環境保護局の権限抑える　バイデン政権に衝撃"（https://www.cnn.co.jp/usa/35189819.html）
[16] 地球・人間環境フォーラム 2021 年 12 月 6 日開催 NSC 定例勉強会「気候変動と人権 ～世界の気候変動訴訟～」資料参照　（https://www.gef.or.jp/wp-content/uploads/2021/12/211206nscseminar_Ms.Kojima_revised.pdf）

気候変動による危機について正確に認識していたにもかかわらず、過去数十年にわたって気候変動対策の必要性に疑問を投げかける内容のロビー活動を行い、他方で、温室効果ガスの排出を削減する効果がある旨の表示を行って商品（ガソリン）を販売していたことが、消費者に対する欺罔行為であると主張されているという[17]。また、ヨーロッパおよびアメリカ以外でも訴訟は発生しており、ニュージーランドでは、マオリ族長老が、同国法の一部として認められるマオリ族の法に基づき、部族指導者からなる全国フォーラムの気候変動スポークスマンの立場で、ニュージーランドの企業7社に対する3つの類型の不法行為を原因とする訴訟（public nuisance, negligence, damages to climate system）を提起した事案において、訴訟の本案へ進むことが許された[18]。

　気候変動の水平訴訟は、被害を受けたとされる住民から企業に対して提起される。しかし、地球に拡散するＣＯ２の排出のごく一部を担ったのみの被告に対して、特定の原告が訴訟を提起することの正当性が説明しにくく、原告適格や因果関係の立証が課題となる。日本では、神戸の石炭火力発電所の建設計画について、周辺に暮らす神戸の市民が、発電所の建設と稼働の差し止めを求めて事業者[19]と国[20]のそれぞれに訴えを提起したが、行政訴訟の通常の枠組みに従って原告適格が否定されている。2024年8月6日には名古屋地裁にJERAに対するCO2削減訴訟が提起されたというが[21]、同じような問題が発生すると考えられる。

---

[17] 久保田修平「気候変動と企業の法的責任」環境管理 Vol.58No.6（2022年6月）（https://jcsr.jp/pdf/shinso_18.pdf）。Commonwealth v.Exxon Mobil Corp.No.1984CV03333（Mass.Super.Ct.filed Oct.24, 2019）　State v.American Petroleum Institute,No.62-CV-20-3837（Minn.Dist.Ct.filed June 24,2020）、District of Columbia v.Exxon Mobil Corp.,No.2020 CA 002892 B（D.C.Super.Ct. filed Jun.25,2020）こうした訴訟において企業の責任が発生する契機となる「情報開示」は、投資家向けのものだけでなく一般的な CSR 報告書、過去に新聞に掲載された意見広告、さらには商品の表示にまで及ぶとのことであり、どちらかといえば消費者訴訟に類似すると考えられる。
[18] バーノン・リーブ「ニュージーランドで最も議論呼ぶ気候訴訟が進展 - 世界も注視」2024年2月14日　戸田記念国際平和研究所 https://toda.org/jp/global-outlook/one-of-nzs-most-contentious-climate-cases-is-moving-forward.-and-the-world-is-watching.html　https://www.courtsofnz.govt.nz/assets/cases/2024/2024-NZSC-5.pdf
[19] 神戸地判令和5年3月20日（判批として、大坂恵里・新・判例解説Ｗａｔｃｈ３号３１７頁、神戸石炭火力民事訴訟、第一審判決
池田直樹・関西学院大学／法と政治７４巻２号１３１頁
気候変動をめぐる石炭火力発電所民事差止請求事件：神戸地裁令和5年3月20日判決についての問題提起〈判例研究〉
島村健・民事判例（日本評論社）２８号１１４頁
神戸石炭火力訴訟民事第1審判決〈注目裁判例研究２０２３年後期／環境〉
[20] 大阪高判令和4年4月26日（環境影響評価書確定通知取消等請求酵素事件・控訴棄却）、最決令和5年3月9日（上告不受理）。その後神戸地判令和5年3月20日（石炭発電所建設等差止請求事件、請求棄却）。島村健ほか「日本における気候訴訟の法的論点：神戸石炭火力訴訟を例として」神戸法学雑誌71巻2号1-80頁（2021）、同「気候訴訟：世界の司法の潮流と日本の課題(下)：気候訴訟ネットワーク(CLN)からの アミカス・ブリーフを受けて」神戸法學雜誌,73(3):1-31（2023）。
[21] NHK 東海 NEWS WEB「発電事業者に二酸化炭素排出量削減訴え　名古屋地裁に」

もっとも、各地の不法行為訴訟においては国際的にはドイツ・コロンビア・アメリカの事例における原告適格についての判示、オーストラリア・オランダ・カナダの判例における因果関係についての判示など、従来立証上困難だった点を乗り越える判例が積み重なっており、そこでの主張のあり方は日本の判例にも影響を及ぼすようになる可能性がある[22]。

２－２　鉱業における人権・環境侵害と不法行為訴訟

　鉱業・アパレル・プランテーション・林業など特定の産業が行われる場所では、土壌および水質の汚染が集中して発生する。また、こうした産業は、開発国の特定の地域・産業のみに大きな収入をもたらすため、現地の事業体や軍事団体などが人権侵害を行ってでも利権を得て開発を進めようとするという側面もある。腐敗や執行力不足により、現地の裁判所における救済が難しい場合[23]、被侵害者は、現地で操業している会社自体ではなく欧米に立地するその親会社に対し、欧米の法制度に手掛かりを見つけて人権侵害訴訟を提起する。こうした訴訟の問題点は、現地で操業する事業の内容を親会社が実質的に管理できたかどうか（したがって管轄権を認めてよいか）、また現地の法で問題がないとされる可能性がある行為についてどのように審理すべきか、という点であるが、これらの論点は（主として英連邦など）子会社を通じて途上国に鉱山を有してきた国の判例により克服されつつあり、今後もそうした国では企業活動によって生存権が侵害されているとの主張に基づく地域住民や労働者による環境・人権訴訟が活発化していくと考えられる。

　他方で、資本関係を伴わない取引関係を根拠として同様の訴訟が提起できるかについて、アメリカではこれが提起された例があるものの原告の主張は認められなかった。同事件は、NGO がアップル社やテスラ社などコバルトを大量に使用する企業を被告として、コンゴ（全世界のコバルトの 3 分の 2 を算出する）における児童労働に係る責任を問う訴訟を提起したものであるが、サプライヤーとの間に利害関係やリスクの共有がないことを理由に、

2024 年 8 月 6 日（https://www3.nhk.or.jp/tokai-news/20240806/3000036859.html）
[22] 鈴木大貴「気候変動関連訴訟の動向と損害保険に対する影響
－賠償責任リスクを中心に－」損保総研レポート 14 号 29 頁（2022）、鳥谷部壌「欧州人権条約に基づく気候訴訟：Urgenda 財団対オランダ事件からの示唆」国際公共政策研究 26 巻 2 号 107－118 頁（2022）、
[23] ザンビア女性・子供 14 万人の代表がザンビアのカブウェ鉱山の開発にかかる鉛中毒について、多国籍鉱山会社アングロ・アメリカン社を南アフリカの裁判所に訴えた訴訟は、ザンビアに集団訴訟制度や弁護士の成功報酬制度がないことから南アフリカで提起されている（原告が敗訴・Sarah Johnson, "Judge throws out Kabwe lead-poisoning case against Anglo American mining" 18 Dec. 2023,the Guardian, (https://www.theguardian.com/global-development/2023/dec/18/south-african-judge-throws-out-kabwe-zambia-lead-poisoning-class-action-case-against-anglo-american-mining)

9

請求が棄却された[24]。

a. Vedanta 訴訟[25]

　2019 年 4 月 10 日、イギリス最高裁判所は、Lungowe and Ors. v. Vedanta Resources Plc and Konkola Copper Mines Plc の判決において、ザンビアの Konkola Copper Mines Plc（「KMC 社」）による人権侵害の疑いにより、ザンビア国民 1826 人が、その英国親会社 Vedanta Resources Plc（「Vedanta 社」）に対して過失および法令上の義務違反に基づく損害賠償を求めることができるとした。原告らは、KCM の鉱山活動が有毒廃棄物で水資源を汚染し、Vedanta は環境被害に寄与していないものの、KMC の鉱山活動の監督管理を通じて原告らに対する注意義務を負うと主張した。

　最高裁判所は、原告が EU に居住する被告を当該国の裁判所で訴えることができると規定するブリュッセル規則改正第 4 条 1 項に基づき、英国裁判所の管轄権を肯定し、また EU 裁判所の判例 Owusu v. Jackson に依拠して、第 4 条 1 項に基づく訴訟手続はフォーラム・ノン・コンビニエンス を理由に停止できないとした。また、Vedanta 社はザンビアの裁判所の管轄権に従うことを申し出ていたため、通常であればザンビアが適切な管轄権となるが、訴訟資金や適切な代表者を得ることが事実上不可能であるため、原告はザンビアでは実質的な救済を拒否される危険があるとした。

　本案について、裁判所は、Vedanta 社が原告に対し、環境被害の発生防止を子会社に求める方針文書を発行するだけでなく、トレーニング、監視、施行を通じて子会社とともにこれらの基準を実施する注意義務を負っていたとした。また、管理可能性について、親会社が子会社の活動に深く関与していることを示す可能性のある活動の種類に制限はないとした。裁判所は、親会社が子会社の関連業務を引き継ぎ、介入、管理、監督、または助言する場合、親会社は子会社の活動に対して責任を負う可能性があると判断した。この判決は、親会社が自国の管轄権のもとで義務を肯定される可能性の点でも、義務違反を肯定する可能性の点でも画期的な判決となった。

b. Shell 訴訟

　シェル社の環境破壊については、過去にシェル・ナイジェリア（SPDC）の原油流出責任

---

[24]　Doe v. Apple Inc., Civil Action 1:19-cv-03737 (CJN) (D.D.C. Nov. 2, 2021)（https://casetext.com/case/doe-v-apple-inc）

[25]　森・濱田・松本法律事務所「CRISIS MANAGEMENT NEWSLETTER　ビジネスと人権：人権×訴訟」2023 年 7 月号（Vol.32）参照。

10

を肯定し、農民への損害賠償と汚染除去を命じた 2021 年 1 月 29 日のハーグ控訴裁判所の判決が出ている。

　親会社に対しては、ニジェール・デルタの 4 万人以上の人々が原告となり、土地と水を汚染してきた石油流出による損害賠償を求めてシェル・グローバルに対しイギリスで訴訟を提起している。シェル社は、①ナイジェリア法のもとでは、5 年以上前に前に起きた汚染に対するシェル社の責任はない、②ナイジェリア子会社のシェル石油開発会社ナイジェリア（SPDC）が、自社が引き起こした流出の責任を認め、ナイジェリアの関連法規で義務付けられている範囲で被害を受けた関係者に補償した、③原因にかかわらず、自社の資産から流出したすべての原油を修復していると指摘し、原告に対して直接注意義務を負っていることを否定した。

　英国最高裁判所は、2021 年に管轄権を肯定する判決を出した[26]。同判決は Vedanta 事件の法理に全面的に依拠し、原告はイギリスの裁判所で、ナイジェリア憲法およびアフリカ人権憲章に基づく村民の清潔な環境に対する権利を Shell 社が根本的に侵害したとの主張ができるとした。これらの権利に基づく請求には時効はない。現在同事件は高裁で文書開示[27]が行われている段階である。

c.　African Minerals/Nevsun Resources Ltd.

　2020 年 2 月 17 日、イングランドおよびウェールズの控訴院は、Kadie Kalma & Others v. African Minerals Limited、African Mineral (SL) Limited、Tonkolili Iron Ore (SL) Limited [2020] EWCA Civ 144 事件における高等法院の判決に対する異議を全員一致で棄却した。この訴訟は、シエラレオネ北部のトンコリリ地区の住民が、同地域最大の鉄鉱山を運営するアフリカン・ミネラルズ社（AML）およびその他の団体に対して提起したものである。原告は、2010 年及び 2012 年に、鉄鉱山の操業に関連した地元の抗議活動において、ＡＭＬに雇われたシエラレオネ警察（「SLP」）による過剰な力の行使が行った残虐行為によって負傷した。原告は、AML が暴力行為に直接関与しており、SLP の行為に対して責任を負うべきだと主張した。地裁は、判決は、AML と警察の関係はイギリスでのそれとはかけ離れているが、準雇用関係とは呼べず、また違法な手段を使うような意図もなく指示もしなかったとし、AML が、安全と人権に関する自主原則などの国際的な最低基準、すなわち、現地の治

---

[26] Okpabi and others (Appellants) v Royal Dutch Shell Plc and another (Respondents) Case ID: UKSC 2018/0068(https://www.supremecourt.uk/cases/uksc-2018-0068.html)
[27] "Breakthrough for Nigerian community in Shell pollution case as High Court orders the oil giant to disclose documents it has been withholding for more than two years" posted on 8 Mar. 2024, Leighday.co.uk (https://www.leighday.co.uk/news/news/2024-news/breakthrough-for-nigerian-community-in-shell-pollution-case-as-high-court-orders-the-oil-giant-to-disclose-documents-it-has-been-withholding-for-more-than-two-years/)

安部隊との協力に関するリスク評価の実施と管理措置の導入を怠ったと判断したものの、これは現地住民全体に対する義務ではないと判断した。

　控訴審においては、全員一致で控訴が全面棄却された。裁判所は、AML が違法な手段で鉱山に対する抗議を抑圧するという共通の計画に従って行動したのではない、また AML には SLP による損害を防ぐ義務はなかったと判断し、独立した注意義務があったとする控訴人の主張も却下した。この判決は、同様の多くの先例に類似する判断構造をとっており、危害を予見する可能性があったとしても、第三者による危害を防止する企業の義務には一定の限界があることを確認した。

　他方、同時期にカナダでは、2013 年に Angelica Choc et al v. Hudbay Minerals Inc et al、2013 ONSC 1414 で管轄権が認められうるとした判決が出たことを足掛かりとして、2014 年に Nevsun Resources Ltd. v. Araya[28]においてエリトリアのビシャ銅・金鉱山における労働者の強制労働を行った現地会社（エリトリア与党の所有するセゲン・コンストラクション社）に、カナダの親会社 Nevsun 社が加担したとして訴訟が提起され、2020 年 2 月 28 日に最高裁でカナダでの管轄権が認められ、また外国政府の人権侵害に関連した事案であっても国際基準を適用して審理することが認められた[29]。これにより当事者は 2020 年 10 月に和解に到達した。

3 製品・広告表示と消費者訴訟

　企業は、事業活動においても、価格以外に「グリーン」なイメージにより消費者に訴求しようとする。サプライチェーンにおける下請が適正な対価を得ていること、環境負荷の少ない素材を使っていること、長期間の使用とリサイクルに適していることなど、「エシカル」な商品であることをアピールする。しかし、実態に比して曖昧で過剰なアピールは、不競法や景表法にあたる規制によって規制の対象となる。EU では指令による基準作りが進んでいる。また、第三者による主観的評価（インフルエンサーによる紹介・ステマ等）も、表示が不正確となりやすく、影響力の低下[30]、萎縮効果等[31]も勘案すれば、グリーンウォッシュの

---

[28] Nevsun Resources Ltd. v. Araya Supreme Court Judgments on 2020-02-28, 2020 SCC 5 (Report[2020] 1 SCR 166, Case number 37919)（https://decisions.scc-csc.ca/scc-csc/scc-csc/en/item/18169/index.do）

[29] Nevsun lawsuit (re Bisha mine, Eritrea)　Business & Human Rights Resource Centre(https://www.business-humanrights.org/en/latest-news/nevsun-lawsuit-re-bisha-mine-eritrea/)

[30] Rivaltec.com,"2024 Gen Z Marketing and Engagement Report"(https://4993913.fs1.hubspotusercontent-na1.net/hubfs/4993913/2024%20Gen%20Z%20Marketing%20and%20Engagement%20Report%20-%20Rival%20Tech%20and%20Reach3%20Insights.pdf), "Gen Z Becoming More Skeptical of Influencers, Sustainability Messaging"Sustainable Brands(https://sustainablebrands.com/read/marketing-comms/gen-z-skeptical-influencers-sustainability-messaging)

[31] Imogen Watson,"Fear of greenwashing label stops influencers discussing

文脈でどう規制するかが新たな問題となりうる状況である[32]。

3－1 欧州の規制と訴訟

欧州では、製品やサービスに付された「グリーン」なイメージを訴求する表示は、不正競争の観点から問題となり、行政庁の規制や取引相手・消費者・自治体・NGO などからの景表法・環境法関連訴訟によって抑制される[33]。

2024 年 3 月に、欧州議会および委員会は、「グリーン移行のために消費者に権限を与える指令（Empowering consumers for the green transition）[34]」を採択した（24 か月の移行期間が設けられる予定である）。同指令は消費者が製品の耐久性や修理の可能性に関する情報を得られるようにしたり、グリーンウォッシュや寿命の短すぎる製品から消費者を保護したりといったグリーン移行を推進する力を消費者に付与するものであり、「不公正取引方法指令（UCPD）」と「消費者権利指令（CRD）」を改正するもので、2023 年 3 月に欧州委員会（EC）が提案した「グリーンクレーム指令案」（Brussels, 22.3.2023COM(2023) 166 final 2023/0085 (COD)）を補完するものである。同指令案は、企業が「環境にやさしい」というラベルを用いる場合に、その内容を証明し、伝える方法に関する最低基準を定め、信頼性、比較可能性、検証性を高めることを目的としており、欧州議会で採択された段階である（欧州議会の任期は 2024 年 6 月に終了するため、指令の三部作審議と最終決定は次の任期まで延期される）。この指令の対象には、EU 域外に拠点がある企業も含まれ、売上高に応じた罰金等の規制を通じて多くの企業が対応を迫られる。

この二つの指令は、消費者が情報に基づいた購入決定を行えるようにすることで持続可

---

sustainability, study finds" posted on 14 Sep. 2023,
(https://www.campaignasia.com/article/fear-of-greenwashing-label-stops-influencers-discussing-sustainability-study-fin/491545"https://www.campaignasia.com/article/fear-of-greenwashing-label-stops-influencers-discussing-sustainability-study-fin/491545).

[32] Sritha Vemuri, Jahnavi P, Lingala Manasa and Pallavi D. R. , *The Effectiveness of Influencer Marketing in Promoting Sustainable Lifestyles and Consumer Behaviours*, Journal of Business Strategy Finance and Management, 5(2). Available here:https://bit.ly/3Ny35Ww;　Martin Senftleben, *Protection against unfair competition in the European Union: from divergent national approaches to harmonized rules on search result rankings, influencers and greenwashing*, Journal of Intellectual Property Law & Practice, Volume 19, Issue 2, February 2024, Pages 149–161, https://doi.org/10.1093/jiplp/jpad123

[33]Clifford Chance, "The Rise Of Consumer Complaints, Litigation And Enforcement Actions To Curb Greenwashing" https://www.cliffordchance.com/content/dam/cliffordchance/briefings/2022/12/The-Rise-of-Consumer-Complaints-Litigation-and-Enforcement-Actions-to-Curb-Greenwashing.pdf (2023).

[34] DIRECTIVE (EU) 2024/825 OF THE EUROPEAN PARLIAMENT AND OF THE COUNCIL of 28 February 2024

能な経済への移行に貢献し、真に持続可能な製品の購入を妨げるような、誤解を招く製品情報（それを支えるグリーンウォッシング（誤解を招く環境主張）、早期陳腐化（故障しやすい）などの商慣行や、信頼性が低く透明性のないサステナビリティラベルの濫用や情報ツールの使用など）を禁止しようとしている。その対象は、グリーンウォッシュ指令案では「企業と消費者の商慣行において、製品またはトレーダーが行う明示的な環境主張」とされ（同指令案 1 条）、エンパワーメント指令は不正競争指令（Directives 2005/29/EC and 2011/83/EU）の定義に広く「物品」の「環境に関する主張」等を追加する形で定義される（同指令 2 条改正）。

　なお、投資信託など金融商品の開示は SFDR の開示要件によって規制されているが [35]、そのグリーンウォッシングも同様に、製品表示による顧客へのコミュニケーションにおける誤解という観点から規制される（ESMA は、2024 年 5 月 24 日にグリーンウォッシュに関する指針を示し、ESG（環境・社会・企業統治）に関連する用語を名称に含むファンドは、その目標を満たす資産を少なくとも 80%保有しなければならないとした [36]。イギリスでは同様の指針が同時期に政府ガイダンスの形で公表されている [37]）。

　消費者訴訟の例として、イタリアでは、63000 人の消費者が、集団訴訟により、フォルクスワーゲンに対し、グリーンであるという表示通りの性能を持つ自動車を手に入れることができなかったことによる損害賠償を請求し、一人当たり 3000 ユーロの損害賠償と 300 ユーロの慰謝料（合計 2 億ユーロ兆の賠償額となる）を手に入れている。不正競争に係る訴訟として、マイクロファイバー製造業者が、同業者の製品がグリーンであるという主張に対して、不正競争に該当し ＥＵ指令と民法に違反すると主張して差し止めを求め、一審で当該主張が認められた例が挙げられている [38]。

---

[35] Regulation (EU) 2019/2088 of the European Parliament and of the Council of 27 November 2019 on sustainability‐related disclosures in the financial services sector
[36] Huw Jones,「ＥＵ、「グリーンウォッシュ」巡り最終指針　ファンド基準を確認」ロイター通信 2024 年 5 月 15 日
　（https://jp.reuters.com/markets/japan/funds/45AU62LQDBKKPCUJGXMIBIJOVY-2024-05-15/）
[37] 2024 年 5 月 5 月 14 日、ロンドンおよび EU の証券監督局が投資商品にかかるグリーンウォッシングガイドラインを最終決定した。Reuters,"EU finalises investment fund labels to combat greenwashing"by Huw Jones（May 15, 2024）。ガイダンスの 2.3 および 2.26 に見られるように、同ガイダンスは資産管理会社の消費者向け開示や販売者の顧客コミュニケーションを対象とする。
FG24/3: Finalised non-handbook guidance on the anti-greenwashing rule
　（https://www.fca.org.uk/publications/finalised-guidance/fg24-3-finalised-non-handbook-guidance-anti-greenwashing-rule）
The aic,"Investment trusts on SDR and the anti-greenwashing rule"29April 2024
　（https://www.theaic.co.uk/aic/news/press-releases/investment-trusts-on-sdr-and-the-anti-greenwashing-rule）
[38] Clifford ＆Chance, "Business & Human Rights Insights ：Three dimensions of Greenwashing: An Italian example" 28 February 2022
　（https://www.cliffordchance.com/insights/resources/blogs/business-and-human-rights-insights/2022/02/three-dimensions-of-greenwashing-an-italian-example.html

14

ドイツでは [39]、表示に関する訴訟は不正競争防止法（Gesetz gegen den unlauteren Wettbewerb, UWG）5条ないし5a条に基づいて行われ、効果として（販売の）差止や広告の撤去が認められる。連邦最高裁の判示（BGH, judgment of 20 October 1988, docket no. I ZR 238/87, margin no. 26）は環境にかかる広告に厳格な基準が適用されるとするのみで具体的な内容が曖昧であり、特定の広告や商品表示が曖昧あるいはミスリーディングであるかどうかについては事例判決が散在する状況であるという [40]。

フランスでは、消費者法典の内容を「2021年8月21日の気候およびレジリエンス法」によって拡張しており、誤解を招く表現の規制が充実した。同法は、誤解を招く気候関連の商慣行に対する罰金の上限を、誤ったキャンペーンに要した費用の80%にまで増額した。訴訟としては、2022年にグリーンピース・フランス他のNGOが、フランスの石油会社を、同社の2050年までのカーボンニュートラル目標がミスリーディングであり、単にマーケティング目的で設定されたものだと主張して訴えている [41]。また、消費者団体が、"ほぼCO2を排出しない資源から生産された""カーボン・ニュートラルな電気"を使っていると謳う宣伝が誤解を招く商慣行であるとして、電気ガス供給業者を訴えた例もある（棄却 [42]）。こうした訴訟活動を裏付けとして、広告倫理委員会の意見表明等（裁判の証拠として用いられる）も影響力をもつとされる。

オランダでは、民法の不法行為法上の損害賠償による救済が主であり [43]、時間と費用がかかる手続となるため、原告となるのはNGOが多いとされる。2024年3月20日、航空会社KLMが行った「持続可能なフライト」のキャンペーン表示がミスリーディングで違法行為

---

[39] Dr.Sonja Hoffman, Dr. Tilman Kuhn, Carolin Kuehner, Philipp Uebis, „ESG liability and litigation risks with a focus on Germany: Greenwashing" 23 May 2023, White& Case (https://www.whitecase.com/insight-alert/esg-liability-and-litigation-risks-focus-germany-greenwashing)

[40] 「気候中立的」という文言が会社の「気候中立性」についての基本的なスタンスの説明とともに表示されなければ曖昧と判定される等の判決がある（Oberlandesgericht Frankfurt am Main, Urteil vom 10.11.2022, Az. 6 U 104/22 vorausgehend Landgericht Frankfurt am Main, Urteil vom 20.5.2022, Az. 3-12 O 15/22　Werbung mit dem Logo „Klimaneutral" ohne Aufklärung irreführend | Ordentliche Gerichtsbarkeit Hessen)

[41] Camilla Hodgson and Sarah White "TotalEnergies target of lawsuit to test 'greenwashing' in advertising" 3 march 2022 Financial Times (https://www.ft.com/content/bdef4e7a-7bc9-4061-968a-a68d9aa32771). 2023年にTotal社は不正確な主張を広めたとしてグリーンピースを提訴したが、2024年に訴訟無効とされている。

[42] Civil Court of Paris, 19 April 2022, No 20/10498.パリ法廷は宣伝目的の表現で科学的な言明ではなく、受け手が情報を補完できる余地があり、消費者に混乱をもたらしていないと判示した。

[43] 不公正取引方法指令のほか、オランダ民法典、サステナビリティ広告ガイドライン（消費者・市場監督局策定、2023年6月改訂）、環境広告コード（自主規制機関である広告基準基金ASFが設定、2023年2月1日に改正、Code voor Duurzaamheidsreclame, CDR）がエンパワーメントの役割を担っており、法律上の責任はオランダ民法典6：193c条、同6:193d条、同6：194条および不法行為に関する6：162条のもとで争われ、救済は損害賠償となる。

15

に当たるとの訴訟に判決が下されている（原告勝訴、ただし修正の強制や罰則はなし）[44]。また、サステナビリティ広告ガイドラインは、セーフハーバーとしての効果はないが、当局はガイドライン違反を理由として刑罰を科すことができ、当局との間で不正な表示の取りやめや環境団体への寄付などが実現した実績があるという。最後に、環境広告コードは具体的なルールを提供しており、環境関連の主張については、完全に正しいことが示されなければならず、正しさについて広告者が立証責任を負うと定められているため、違反の主張は短期間・低コストで行うことができ、多くの個人やNGOが申し立てを行っているという。

イギリスでは、消費者保護は競争および消費者保護当局である競争・市場庁（CMA）と広告基準局に担われている。2021年9月、CMAはグリーンクレームコードを発表し、誤解を招くような環境主張をする企業に焦点を当てる意向を発表した。 CMAは2022年7月、ファストファッション小売業者に対する初のグリーンウォッシング調査を発表した。また2021年12月、広告実務委員会と放送広告実務委員会は、誤解を招く環境主張と社会的責任に焦点を当てた環境関連広告の問題に関する既存の規則をマーケティング担当者や広告代理店が解釈できるようにするための「広告ガイダンス」を発表した。それ以来、広告基準局は、有名銀行によるものを含め、グリーンウォッシングに関する数多くの指摘を行っている。また、グリーンを主張した企業に対するサンクションの引き上げが予定されていることなども[45]、間接的に影響を与える可能性がある。

3－2　アメリカにおける消費者訴訟

アメリカでは、2010年に可決されたサプライチェーン透明化法の施行以来、カリフォルニア州の不正競争法（UCL）、虚偽広告法（FAL）、カリフォルニア州法的救済法（CLRA）に基づき、企業は販売時点で（製品の表示において）消費者に自社製品が強制労働によって調達された可能性があることを通知する義務があり、これを怠っていると主張する消費者訴訟が頻発した。しかし、裁判所は、これらの法がそうした開示を要求していないとして、一連の訴訟を却下した[46]。その後、原告らは、積極的な虚偽表示を主張する新たな訴訟にシフ

---

[44] "Dutch court rules KLM ads 'misleading' in greenwashing case",20 Mar.2024 Financial Times （https://www.ft.com/content/5169410d-427e-4156-ba08-f17284c477ca）

[45] 2023年4月に発表されたデジタル市場・競争・消費者法案は、特定の誤解を招くグリーン主張に対して企業に最大で世界売上高の10％の罰金を科す権限をCMAに与えた。Harrison et. al."The UK Digital Markets, Competition and Consumers Bill: major reform of CMA powers"9 May 2023, Mayer Brown, (https://www.mayerbrown.com/en/insights/publications/2023/05/the-uk-digital-markets-competition-and-consumers-bill-major-reform-of-cma-powers)

[46] Emma Cusumano and Charity Ryerson, "Is the California Transparency in Supply Chains Act Doing More Harm than Good?"25 Jul.2017 Corporate Accountability Lab. (https://corpaccountabilitylab.org/calblog/2017/7/25/is-the-california-transparency-in-supply-chains-act-doing-more-harm-than-good)

トした[47]。これらの訴訟は成功していないが、FTC のグリーンガイド（連邦取引委員会や一般市民を拘束するものではなく、15 U.S,C § 45 の権限に基づき、FTC が不正競争防止の観点から当局の立場を規定するもの）をモデルにした州法に基づいて、消費者がグリーンウォッシング訴訟（詐欺訴訟）を起こす契機となったとされる。また FTC はグリーンウォッシングの摘発に積極的になってきており、現在グリーンガイドの更改を検討しているが[48]、パブリック・コメントにおいて金融商品へのより厳しい執行が提案される一方で企業が忌避感を示すなどせめぎあいがあるという[49]。

　もっとも、FTC がグリーンウォッシュについて突出した監視機関というわけではなく、2021 年には、再生可能エネルギー投資および化石燃料汚染削減に関する過大・欺瞞的広告について Exxon に FTC が苦情を表明すると同時期に、環境団体、司法省（司法長官）が連邦法において訴訟を提起し、あるいはコロンビア特別区で非政府組織が訴訟を提起する（同州では、関連する州法の下で非政府組織が消費者の代表として訴訟を起こすことができる）[50]など、複数の主体が問題事例を同時に追求する例もある[51]。

　2021 年 4 月 21 日の最高裁判決により FTC 自身は罰金や没収の権限を否定されたものの

---

[47]　Sud v. Costco Wholesale Corp., No. 17-15307 (9th Cir. Jul. 20, 2018)（却下・https://casetext.com/case/sud-v-costco-wholesale-corp-2），Barber v. Nestle USA, Inc., 154 F. Supp. 3d 954 (C.D. Cal. 2015)（却下・https://casetext.com/case/barber-v-nestleacute-usa-inc-1)。こうした訴訟の典型的主張は、「被告は、被告のウェブサイト上の開示声明に反してサプライチェーンの関係者が奴隷労働を使用するか、または被告がサプライヤーに対する会社の基準に違反していることにより、消費者を欺き、誤解させた。さらに、法律で義務付けられている開示の虚偽により、同社は違法行為に関与し、不正競争法に基づく責任を負う」というものだという Daniel Herling of Mintz, "When Transparency is not Enough: Class Action Litigation Under California's Transparency in Supply Chains Act",posted on 12 Nov. 2015 The national Law Review Sep 30 2024 Vol.XIV Nr 274 (https://natlawreview.com/article/when-transparency-not-enough-class-action-litigation-under-california-s-transparency)。
[48]　Federal Trade Commission,16 CFR Part 260 RIN 3084-AB15 Guides for the Use of Environmental Marketing Claims [Billing Code 6750-01P] (https://www.ftc.gov/system/files/ftc_gov/pdf/GreenGuides-FRN-11-5-22.pdf)
[49]　Financial Times "Industry awaits update to FTC's "green guides""May 15 2023 (https://www.ft.com/content/2e1db10b-c992-48ff-977a-eee86336def6n)
[50]　Abigail Gampher, "ANALYSIS: Stakeholders to Supplement Agency Greenwashing Efforts"6Nov. 2023,Bloomberglaw （https://news.bloomberglaw.com/bloomberg-law-analysis/analysis-stakeholders-to-supplement-agency-greenwashing-efforts)
[51]　Office of the Attorney General for the District of Columbia "Newsroom ： AG Racine Sues Exxon Mobil, BP, Chevron, and Shell for Misleading Consumers About the Role Fossil Fuels Play in Climate Change" June 25 2020, (https://oag.dc.gov/release/ag-racine-sues-exxon-mobil-bp-chevron-and-shell); Mary Elizabeth Bultemeier,"A Different Shade of Greenwashing: US Litigation Over Advertising and Product Packaging Claims Accelerates "17 Aug. 2022, cliffordchance.com (https://www.cliffordchance.com/insights/resources/blogs/business-and-human-rights-insights/2022/08/a-different-shade-of-greenwashing-us-litigation-over-advertising-and-product-packaging-claims-accelerates.html)

17

[52]、基準策定の主体としての役割は残っており、影響は残ると考えられる。また、アメリカの他の行政当局（連邦医薬品局など）も別の文脈で「グリーンウォッシング」に注目しており[53]、様々な分野での規制が同時に進んでいる。

4　サステナビリティ開示と投資家訴訟

4－1 アメリカ・非財務開示関連規制の進展とそれに伴う責任

　SEC は、近年企業のサステナビリティに関する主張の根拠を求め、また厳しく開示内容を検証するようになっている。SEC は、2021 年 3 月 4 日にその執行部門内に「気候・ESG タスクフォース」を設置した。2022 年 3 月下旬、SEC の検査部門は、2022 年の検査優先事項の中で「グリーンウォッシング」という用語を使用し[54]、今後数か月間に SEC が特に注意を払う特定の活動について説明した。これにより、2021 年以降、非財務情報開示について、上場企業、投資信託、その他の公的投資手段が自社の ESG ポリシーや資格について誤解を招くような主張をしている場合に事前の指摘が行われているという。これらの主体は、その行動が表明した ESG の取り組みと一致しているかどうか、開示内容が記録に示された内容と一致しているかどうか、また、測定可能、検証可能、証明可能な統計およびデータであるかどうかを評価する必要がある。たとえば、「環境に優しい」エネルギーファンドを標榜しつつ、再生可能エネルギー源に投資する割合が低い投資信託については、そうした言明の撤回や当該割合で「環境にやさしい」という評価を下すことができる根拠、今後の割合引き上げ方針の開示などが求められる[55]。

---

[52] "Supreme Court decision strips FTC of powerful enforcement tool in consumer protection and antitrust matters" 28 Apr.2021,ReedSmith in depth 2021-119
(https://www.reedsmith.com/en/perspectives/2021/04/supreme-court-decision-strips-ftc-of-powerful-enforcement-tool
[53]Frederick R. Ball, Alyson Walker Lotman & Kelly A. Bonner、"MoCRA Is Here—Now What? Unpacking Litigation and Regulatory Risk for Cosmetics Brands Following MoCRA's Enactment"Food ＆Drug Law Institute
（https://www.fdli.org/2023/02/mocra-is-here-now-what-unpacking-litigation-and-regulatory-risk-for-cosmetics-brands-following-mocras-enactment/） FDA は化粧品等の分野での「天然」、「フリー」、「環境に優しい」、「動物実験なし」、「再生可能」、「持続可能」などの言葉を使った場合のグリーンウォッシング該当性について、追加のガイダンスを発行した。
[54] SEC は公的投資ビークルが「パフォーマンス広告やマーケティングなどで、ポートフォリオ選択に考慮または組み込まれた ESG 要因を誇張または誤って表現していないかどうか（例：グリーンウォッシング）」に焦点を当てると述べた（）。
[55] SEC 検査部の 2023 年検査優先事項では「グリーンウォッシング」という言葉は明示的に使用されなかったが、「ESG 製品が適切にラベル付けされているかどうか、およびそのような製品を個人投資家に推奨することが投資家の最善の利益のために行われているかどうか」を検査すると述べられており、2024 年に向けた気候変動規則制定

18

ルール策定についても、2022 年、SEC は、上場企業、投資信託、その他の投資手段による開示における ESG 関連（特に気候関連開示）のギャップや虚偽記載に焦点を当てて執行を強化するための規制を策定すると発表した。2024 年、ESG は気候情報開示規則の導入を発表した。この内容は、2022 年 3 月に発表された基準改定[56]に沿って、規則 S-K にサブパート 1500 を、また規則 S-X に 14 条を追加し、登録者やその戦略・事業運営の結果や財務状況に影響を与える気候変動を特定し、評価し、またそれへの対応ポリシーを記述するよう求めるものである[57]。「登録者」には REIT 等債券やデリバティブを発行する企業が含まれる。このほか SEC はすでに 2022 年 5 月に投資顧問、ファンド等向けの ESG 開示規則案を公表している[58]。

　欧州では、金融商品規制はサステナブルファイナンス促進の観点から開示を促すものであり、グリーンウォッシュ指令等の意義も、消費者の決定に際しての不正競争を防止し正しい意思決定を促すことに求められている。投資商品も同様に考えると、買い手側は開示を読み解く努力を求められ、開示側は情報を多角化・拡充することが奨励されると考えられる。他方、アメリカでは投資者の投資判断を正確にさせることが目的となり[59]、執行中止中の SEC 規則でも、グリーンウォッシュという言葉は、誤った企業の経営方針の開示がグリーンウォッシュとなることによって投資家を誤導することを避けるために開示を限定したいという企業の意向を引用する文脈で用いられる。ヨーロッパとアメリカの態度の違いは、アメリカの投資家が非財務情報開示を用いて虚偽記載にかかるイベント・ドリブン型証券訴訟を提起しているという事情が関連しているかもしれない。

の動向と考え合わせれば、SEC がグリーンウォッシングに重点を置いた執行を優先事項としていたことが分かる。Brad A.Molotsky," The SEC and its continued focus and enforcement of "Greenwashing" by Alek Smolij" 17 Apr. 2023, LEXOLOGY(https://www.lexology.com/library/detail.aspx?g=48394234-c001-467c-81a7-ef88481e3c32)

[56] Securities Exchange Commission, "FACT SHEET, Enhancement and Standardization of Climate-Related Disclosures" (https://carboncredits.b-cdn.net/wp-content/uploads/2022/03/SEC-Carbon-Disclosure-Overview.pdf)、規則案については https://viewpoint.pwc.com/dt/jp/ja/pwc/in_briefs/in_briefs_JP/20220322_inbrief_us.html 参照。

[57] 89 FR 21668 (https://www.sec.gov/rules-regulations/2024/03/s7-10-22)

[58] 板津直孝「ESG ファンド等に対する SEC の情報開示規制案 - ESG ウォッシュの懸念と投資家保護 - 」野村サステナビリティクォータリー2023spring p86 (http://www.nicmr.com/nicmr/report/repo/2023_stn/2023spr12.pdf) (https://www.sec.gov/files/rules/proposed/2022/33-11068.pdf)

[59] 國見和史「海外 TOPICS　米国の ESG 答申開示規制案をめぐる議論」（2022）野村総合研究所 Financial Information Technology Focus2022.10　p14 (https://www.nri.com/-/media/Corporate/jp/Files/PDF/knowledge/publication/kinyu_itf/2022/10/itf_202210_09.pdf)

19

４−２　証券訴訟―虚偽記載に起因する損害賠償

　上記のように、アメリカでは、サステナビリティ情報を開示内容としてきちんと位置付けようとする SEC の動きの一方で、実務には環境負荷が少ない、環境破壊を起こさない、リスクマネジメントをきちんと行っている等の開示によって価格が膨張していたのに、そうした製品や設備が事故を起こしたり指標を達成できていなかったことが明らかになった際に、虚偽記載にかかる 10b−5 訴訟によって、その事故によって下落した株価に相当する損害について、証券訴訟で企業に賠償請求する動きがある[60]。こうした動きは、サステナビリティ関連では、自然災害で大規模な事故が発生した場合などに発生しやすい（株主代表訴訟は DEI に関連した会社の約束が果たされていないこと等を理由とするものが多く、ほとんどが却下されている）[61]。

　証券訴訟は 2024 年の気候変動開示規則制定よりも前から行われており、私人の提起する訴訟の絶対的な数や勝訴割合は高くないものの ESG アクティビストによる証券訴訟は定型化しており、判例も環境や健康、安全など多岐にわたる開示に関する申し立てについて、これらを認める判決が出ており、通常の財務内容の虚偽記載にかかる訴訟は減少傾向にあるなか、非財務情報についての訴訟は増加が見込まれるとされる[62]。

　また、大規模な事故が起きた後にリスク管理の不十分さが問題となった事案に対しては SEC が罰金を科し又は訴訟を提起する場合もあり、その罰金額・和解額も多額に上っている。近年の米国の著名なグリーンウォッシュ関連の処分・訴訟には次のようなものがある。

a.　株主によるエクソン・モービル社の証券詐欺訴訟

　2016 年のエクソン・モービル社に対する証券詐欺訴訟に係る 2017 年 7 月の修正訴状で[63]、原告株主らはエクソン社が証明済みの石油・ガス埋蔵量（技術的かつ商業的に回収可能な石油）の価値と量を誇張して、重大な虚偽かつ誤解を招くような発言をしたと主張した

---

[60] 詳細な法律構成・解釈論について王子田誠「米国におけるＥＳＧ情報の不実開示に関する民事責任について」早稲田法学 94 巻 3 号（2019）253 頁。

[61] Mike Delikat, Stacy Kray, and Carolyn Frantz, Orrick Herrington & Sutcliffe LLP, "Trends in ESG Litigation and Enforcement" Harvard Law School Forum on Corporate Governance, posted on August 10 2023, (https://corpgov.law.harvard.edu/2023/08/10/trends-in-esg-litigation-and - enforcement/)

[62] Subodh Mishra, "Event Driven Securities Litigation" Posted on 18 Dec. 2020 Harvard Law School Forum on Corporate Governance (https://corpgov.law.harvard.edu/2020/12/18/event-driven-securities-litigation/)

[63] Consolidated Complaint Filed on 26 Jul. 2017 (https://climatecasechart.com/case/ramirez-v-exxon-mobil-corp/).

（同社はその後、証明済みの炭化水素埋蔵量を 20%減らす必要がある可能性があると発表した）。また原告らは、エクソン社が炭素の代替コストを組み込むことで「温室効果ガス排出を規制する政策の見通しを明確に考慮した」評価システムを使用しているという公開報告書を発表したが、エクソン社の内部会計数値が公表されたものと異なっていたことが文書で明らかになった（この情報の不記載が同社の株価を人為的に高騰させた）と主張した [64]。

エクソン社は却下申立てを提出し、ニューヨーク州司法長官が起こした同様の気候関連証券訴訟におけるエクソン社の 2019 年の勝訴を引用した [65]。同判例では、裁判所は、ニューヨーク州司法長官がエクソン社の気候関連開示が投資家にとって誤解を招くか、または重大であることを証明できなかったと判断した [66]。エクソン社は、テキサス州の訴訟における主張はニューヨーク州の訴訟と似ており却下されるべきであると主張した。しかし、2024年 3 月 31 日、エクソン社の申立ては却下されている [67]。

b. 株主によるダニマー・サイエンティフィック社の製品にかかる表示の虚偽

投資家らは、2020 年に特別買収会社（SPAC）との事業統合を通じて株式を公開したバイオプラスチック企業、ダニマー・サイエンティフィック社に対して集団訴訟を起こした。ダニマー社の主力製品は、同社が 100%生分解性であると主張するノダックスと呼ばれるプラスチック代替品だった。しかし、同社が SPAC との合併に際して行ったデュー・ディリジェンスの結果等に対し、ウォール・ストリート・ジャーナルやその後の報道で、製品が海洋や埋立地で完全に生分解するという特性は誇張されているとの批判がなされ [68]、上場後同社の株価は下落した。投資家らは、ダニマー社が自社製品が環境に優しい特性と持続可能性を有するとして重大な虚偽かつ誤解を招くような発言をし、グリーンウォッシングを行ったと主張した。

ダニマー社は却下申立てで、生分解性に関する同社の主張はノダックスの素材にのみ適

---

[64] Ramirez v. Exxon Mobil Corporation et al, 3:16-cv-03111 (ND Tex. Nov 7, 2016)
[65] People of the State of New York v. Exxon Mobil Corp. Docket number(s): 452044/2018 Court/Admin Entity: N.Y. Sup. Ct.(https://climatecasechart.com/case/people-v-exxon-mobil-corporation/)
[66] Oliver Milman, "ExxonMobil faces trial over allegations of misleading investors on climate crisis ", posted on 22 Oct.2019 The Guardian (https://www.theguardian.com/business/2019/oct/22/exxonmobil-trial-climate-crisis-allegations-misleading-investors-)
[67] Roger E. Barton, "The greenwashing wave hits securities litigation"Sep.23,2022, Reuters (https://www.reuters.com/legal/legalindustry/greenwashing-wave-hits-securities-litigation-2022-09-22/)
[68] Saabira Chaudhuri,"Plastic Straws That Quickly Biodegrade in the Ocean? Not Quite, Scientists Say" 20 mar. 2021, The Wall Street Journal (https://www.wsj.com/articles/plastic-straws-that-quickly-biodegrade-in-the-ocean-not-quite-scientists-say-11616238001)

21

用されるものであり、プラスチックストロー、ボトル、食器などノダックスで作られた最終製品には適用されないと反論した。同社は「原告はダニマー社の主張を裏付ける認証や科学的研究に矛盾する主張を一切していない」と主張した[69]。この訴訟は棄却され、ダニマー社が勝利し上場が維持された。

このように、ESG を標榜する新規事業が株式を公開する場合、その方法である SPAC 合併にかかる開示に際しては、徹底したデュー・デリジェンスと正確な説明が必要となり、ハードルが高まっている[70]。

c. SEC および投資家による Vale 社の証券詐欺事件

2022 年 4 月、SEC はブラジルの上場鉱山会社 Vale SA を証券詐欺で告発した[71]。

2019 年 1 月、Vale が運営するダム（ブラジルのブルマジーニョダム）が決壊し、270 人が死亡するとともに、約 1,200 万立方トンの有毒な鉱山廃棄物が流出し、地元の水源を汚染した。この事故により Vale の時価総額は 40 億ドル減少した。SEC は、鉄鉱石採掘の潜在的に有毒な副産物を封じ込めるために建設された尾鉱ダムが、国際的に認められた基準を満たしていないことを Vale が知っており、故意にデータを操作し、ダムの安全性を監査する第三者から情報を隠蔽して、ダムの安全性と安定性に関して投資家に虚偽かつ誤解を招くような発言をした（年次持続可能性報告書には、ダムの安全性に関して Vale が「最も厳格な国際慣行」を順守していると記載されていた）として同社を告発した。

「気候および ESG タスクフォース」は調査を実施した。Vale 社の弁護士は判事宛ての書簡で、ダムの決壊は合理的に予見できなかったことを理由に、訴訟棄却の申し立てを行う意向を示した。Vale 社は、SEC の主張に反対し、適切な外部関係者に必要な情報開示をすべて行っており、虚偽の記述や記載漏れは投資家にとって重要ではなかったと主張しようとした[72]。しかし結局、Vale は SEC と和解しており、SEC には 5,590 万ドルが支払われ、そこにはた「不正に得た」とされる利益の返還 2,500 万ドルが含まれていたという[73]。

---

[69] In re Danimer Scientific, Inc. Securities Litigation (1:21-cv-02708)
District Court, E.D. New York
[70] "Danimer Scientific Triumphs as Misrepresentation Lawsuit Stemming from SPAC Merger Gets Dismissed" 4 Oct. 2023, World Litigation
Forum(https://worldlitigationforum.org/news/danimer-scientific-triumphs-as-misrepresentation-lawsuit-stemming-from-spac-merger-gets-dismissed/)
[71] SEC "Press Release: SEC Charges Brazilian Mining Company with Misleading Investors about Safety Prior to Deadly Dam Collapse"2022-72
(https://www.sec.gov/newsroom/press-releases/2022-72)
[72] Securities and Exchange Commission of the United States v. Vale, S.A. (1:22-cv-02405)(https://www.courtlistener.com/docket/63269801/securities-and-exchange-commission-of-the-united-states-v-vale-sa/)
[73] SEC "Press Release Brazilian Mining Company to Pay $55.9 Million to Settle Charges Related to Misleading Disclosures Prior to Deadly Dam Collapse"

22

Vale 社の事件では、まず 2 つのダムの崩壊にかかる投資家からの証券詐欺訴訟が和解したのちに SEC が訴訟を提起したとされ[74]、ＳＥＣの和解の後も投資ファンドが同様の事実で証券詐欺を原因として Vale を提訴している[75]。

　これらの訴訟は、単なる排出量の試算の誤り等だけでなく、特定の重要な事業の見込みや安全管理にかかる評価が誤っていたために一定の「事故」や「修正」といったイベントが起きてしまった場合に、当該イベント後に提起される「イベント・ドリブン訴訟」が含まれる[76]。

　もっとも、このイベント・ドリブン訴訟の法律構成には難しい点がある。第一に、原告の主張は多分に後付けの主張を含んでいる。従来であれば、ＥＳＧ情報が開示されない状態でも、取締役の信任によって、会社の開発方針は株主により承認されたと扱われたであろう。安全管理や商品特性の評価についても、それが将来的にも維持されるかどうかが不透明なことは投資時点で株主側も織り込み済みであり、このように投資家も経営者も同じ不確実性の地平に立っているような場合に、その変動の結果価格が大きく変動しても、マテリアリティは否定されうるのではないかが問題となりうる[77]。

　第二に、従来であれば、投資家に任意に説明した内容にかかる表示が問題となり、誤解を招く、あるいは誇張した説明があっても、それに基づいて投資家が商品を購入したのか、また仮に投資や商品の内容が当該説明・表示の通りであっても事故を防げなかったのではないか、といった、相当因果関係の立証が障害となりうる[78]。

　さらに、価格の水増しがあったことをどう示すか、非開示の場合や開示前の場合など、どの状態と対比すべきかといったクラシカルな問題もある[79]。そうした問題を立証のなかで

2023-63（https://www.sec.gov/newsroom/press-releases/2023-63）；

[74] In re Vale S.A. Sec. Litig., No. 19-CV-526-RJD-SJB (E.D.N.Y. Mar. 31, 2022)（https://casetext.com/case/in-re-vale-sa-sec-litig-4）

[75] Orbis Global Equity LE Fund（オーストラリア登録）他対 Vale SA 他、No. 1:21-cv-06590（EDNY 2023）。

[76] https://corpgov.law.harvard.edu/2020/12/18/event-driven-securities-litigation/

[77] James J. Park "ESG Securities Fraud"posted on May 15, 2023 Harvard Law School Forum on Corporate Governance, は、ESG リスクのマテリアリティにつき、裁判所は米国最高裁判所が Basic v. Levinson 事件で定めたテスト（合併等将来シナリオが不確実なケースで、発生確率と重大性とを勘案すべきとしたもの）を用い、リスクが本質的に不可知である場合や計算できないリスクを反映している場合に、リスクに関して企業とその投資家との間に意味のある非対称性はないと考え、訴訟を却下すべきであると主張する（https://corpgov.law.harvard.edu/2023/05/15/esg-securities-fraud/）Aneil Kovvali, *ESG AND SECURUTIES LITIGATION; A BASIC CONTRADICTION* 73 Duke L.J.1229(2024)も参照.

[78] James R. Carroll Jay B. Kasner Scott D. Musoff Alisha Q. Nanda Noelle M., *"Developments and Trends in Securities Litigation: Mid-Year Update 2020"* October 28, 2020　Skadden / Key Takeaways（Reedhttps://www.skadden.com/insights/publications/2020/10/key-takeaways-developments-and-trends）

[79] Meritt B. Fox and Jpshua Mitts, "Event-Driven Suits and the Rethinking of Securities

23

どう原告が立証し、あるいは企業が反論するかが、現在問題となっている。

　この点、サステナビリティ開示については、SEC の気候変動開示規則でも将来情報であることを考慮したセーフハーバー・ルールが設けられており、一定の配慮がされている（ただし、現在ダムの危険度やプラスチックの環境負荷などイベント・ドリブン訴訟で問題とされている「虚偽記載」は、必ずしも「将来」情報であることから生じたものではない）。

　サステナビリティ開示にかかるイベント・ドリブン訴訟の場合、技術的な問題のほかに、リスクをとったはずの投資家が、イベント発生後に訴訟によりリスクを会社に転嫁して収益を回収すること（各国の投資家および監督機関が別々に賠償を求めることで問題が増幅される）が、ステイクホルダーに良くない効果を及ぼしうるという問題もあるのではないか[80]。例えば、企業の存立に影響するような大規模な環境汚染が発覚してすぐに証券訴訟が起き、現地の補償より前に企業が財務的に苦しくなれば、現地の操業における安全管理を放棄したり、補償未済のまま倒産したりして、逆に当該操業で損害を受けた当事者が救済されなくなる可能性がある。ESG に関連するイベント・ドリブン訴訟の増大傾向は続く可能性があるが[81]、そもそも被害を受けたステイクホルダーとは別に投資家や SEC がリターンを得る仕組みが望ましいのだろうか。こうした点を指摘し、被害を受けたステイクホルダーとは別に投資家やＳＥＣがリターンを得ることの望ましさを疑問視する論稿も（草稿段階のものではあるが）みられる[82]。

　もっとも、そのように考えると、証券訴訟だけでなく SEC の（企業・ファンドへの）行

Litigation" The business Lawyer Vol.78, "Winter 2022-2023 p1. https://securities.stanford.edu/academic-articles/20230526-event-driven-suits-and-the-rethinking-of-securities-litigation.pdf 水増しされた株価が訂正報告書によって正しい金額に収束するという認識に対し、①そもそも誤表示によって水増しが起きていたのか、②fraud on the market の主張において対比される状況は、株価を膨張させるようなステイトメントをしなかった状況であって、正しいステイトメントをした状況ではない、③株価膨張を推測する指標としては、誤ったステイトメントの効果が訂正報告書による是正効果よりも正しいが、情報を出さないほうが誤った情報を出すよりも市場がネガティブに反応する場合には、訂正開示の効果のほうが正しいかもしれない④いずれにせよ③の推測は不正確になりうる。いずれの近似値も用いられない場合には、ミスステイトメントが大きく価格に影響したかどうかを見極める方法がないと指摘しており、原告は誤った声明を出した時点における重要な株価の押上効果があったという説得力あるイベントスタディを提出できる見込みがあると主張できなければ却下されるのではないかと指摘。

[80] Richard Langdon; Kelly Wilcox , WTW "Greenwashing, financial institutions and securities actions in the English courts - only a question of time"18 March 2024、AIMA （https://www.aima.org/article/greenwashing-financial-institutions-and-securities-actions-in-the-english-courts-only-a-question-of-time.html）

[81] Emily Sanders, ExxonKnews "Congressman: DOJ Investigation of Big Oil Is Now "Even More Urgent" Following Shell Revelations"23Jan.2024 DeSmog (https://www.desmog.com/2024/01/23/congressman-doj-investigation-of-big-oil-is-now-even-more-urgent-following-shell-revelations/)

[82] https://lowellmilkeninstitute.law.ucla.edu/wp-content/uploads/2022/08/ESG-Securities-Fraud-August-2.pdf　前掲注 13"Climate risk assessments must engage with the law"

政処分も、投資商品のスクリーニングや投資/経営方針の説明をより多角的でわかりやすい形になるよう誘導するものであることが望ましいように思われるが、SEC の執行は多額の罰金の支払いが伴うことが多い。著名な是正措置等には以下のものがある。

d. SEC による BNY メロン社への罰金・是正措置

2022 年 5 月、SEC は投資会社 BNY メロンに対し、ESG 関連の重大な虚偽記載および記載漏れ（特定の投資信託の投資は「ESG 品質レビュー」を受けたと表現されていたが投資のすべてが実際にレビューを受けたわけではなかった）ことによる、投資家への虚偽の説明があったと告発した（150 万ドルの罰金、是正措置）[83]。

e. SEC による DWS　Investment Management Americas への罰金

2023 年 9 月 25 日、SEC は 資産運用会社 DWS に対し ESG グリーンウォッシング を原因とする罰金の制裁を科したことを発表した[84]。SEC は、ESG 投資プロセスについて虚偽の記述をしたとしてドイツ銀行の子会社である DWS インベストメント・マネジメント・アメリカズ社を提訴した[85]。SEC は特に、DWS が「顧客や投資家に信じさせたように、グローバル ESG 統合ポリシーの特定の条項を適切に実施しなかった」こと、および「ESG 統合製品に関する公式声明が正確であることを保証するために合理的に設計されたポリシーと手順を採用および実施しなかった」ことを問題とした。DWS は告訴を解決するため、1,900万ドルの罰金を支払うことに同意した。フィナンシャル・タイムズの報道では[86]、SEC はDWS の元 ESG 責任者の内部告発をきっかけに、2 年前にグリーンウォッシングの調査を開始しており[87]、ESG 規則案の公表等より前から問題視していたことが分かるが、内部告発規則により告発者が報奨を受ける場合には、同様の処分が相次ぐ可能性がある。

SEC の気候変動開示規則に対しては権限踰越として多くの裁判上の申し立てがなされ、現在執行中止命令が出されている[88]。アメリカでは政治的反動が強く、SEC の気

---

[83] In the Matter of BNY Mellon Investment Adviser, Inc., Administrative Proceeding File No.: 3-20867(Date Filed: May 23, 2022; Date of Qualifying Order/Judgment: May 23, 2022)

[84] https://www.sec.gov/news/press-release/2023-194

[85] https://www.sec.gov/files/litigation/admin/2023/ia-6432.pdf

[86] https://www.ft.com/content/02b19456-d3ed-4c3f-9c39-ec95d81a62ae

[87] Jeoff Schweller,"SEC Issues Record Penalty for ESG Greenwashing Violations" 27 Sep. 2023, Kohn,Kohn & Colapinto(https://kkc.com/esg/sec-issues-record-penalty-for-esg-greenwashing-violations/)

[88] https://www.alston.com/en/resources/esg-litigation-enforcement-tracking/sec-

25

候変動・ESG タスクフォースも解散されるなど、今後の SEC の態度には変更がありうるが、投資家経由の強いサンクションを用いた規制の適切性は改めて検討すべきではないか。

4－3　アメリカ以外における証券訴訟

　ESG 関連の非財務情報の虚偽記載にかかる証券訴訟が活発化することは、企業の開示のリスクを高める。では、証券訴訟がアメリカ以外に波及する可能性はないのだろうか。実務においては、EU でも基準ができたことで、今後企業が自社に関連する金融商品の内容について発信する場合に、目論見書の情報が不完全でグリーンウォッシングに該当すると主張する損害賠償請求が発生する可能性があるとの見解や[89]、アメリカでの企業の非財務情報開示に対する SEC のより厳格な調査と罰則、および証券訴訟の増加という趨勢に着目して、EU の ESG 開示ルールがアメリカで証券訴訟の火種になるのではないかとの指摘もみられる[90]。

　EU における企業の不実開示に対する民事責任の追及は、国によって異なるものの従来から Non-Financial Reporting Directive のもとでも理論的には可能であったはずであるが、実績はないようである。ドイツについていえば[91]、不実開示責任については因果関係の立証の問題や救済方法（契約締結損害）の実効性の問題があるため実績が増えず[92]、金融商品についてドイツ DWS のグリーンウォッシングに対する Bafin 調査がみられる程度だったようである[93]。ディーゼルゲート事件においては、2020 年に情報不開示による相場操縦を理由としてドイツ検察がフォルクスワーゲン役員を刑事訴追した[94]。しかしこの訴訟は、詐欺罪のほうが訴額が大きいことから一時停止され、詐欺罪が成立

---

enforcement-actions

[89] 前掲注 38„ESG liability and litigation risks with a focus on Germany: Greenwashing"
[90] "The Informed Board summer 2023: The EU's New ESG Disclosure Rules Could Spark Securities Litigation in the US ", Skadden (https://www.skadden.com/-/media/files/publications/2023/09/the-informed-board/the_eus_new_esg_disclosure_rules_could_spark_securities_litigation_in_the_us.pdf)
[91] 前掲注 38„ESG liability and litigation risks with a focus on Germany: Greenwashing")
[92] 島田志帆「ドイツにおける適時開示義務違反の責任」立命館法学 2016 年 4 月（368 号）237 頁・同「ドイツ法における目論見書責任と会社の過失」法学研究 89 巻 1 号（2016）
[93] Financial Times "DWS shares slide after greenwashing claims prompt BaFin investigation" 27 Aug. 2021(https://www.ft.com/content/0eb64160-9e41-44b6-8550-742a6a4b1022)
[94] Joe Miller, "Germany charges six Volkswagen executives over Dieselgate" 14 Jan.2020　Financial Times (https://www.ft.com/content/7493759c-36c3-11ea-a6d3-9a26f8c3cba4)

しなかったため 2023 年に審理の復活が要求された[95]。しかしその後、最高責任者の健康問題により中断が続いており[96]、罰則が科されるかどうかの結論は不透明である。また、フランスにおける企業注意義務法の対第三者責任規定も、文言上は投資家に対する責任を含みうるものではあるが、民事証券訴訟は要件が厳しい一方で提起するインセンティブがないため問題がないと理解されているようである。このような状況をもとに、EU では、NFRD を発展させた Corporate Sustainability Reporting Directive の策定に際しても、NFRD と同様のサンクションとなることを前提に[97]、セーフ・ハーバー・ルールなどは設けていない[98]。

イギリスの裁判所も、不実の流通開示に関する取締役の民事責任については極めて慎重な態度を取ってきており、EU の透明性指令の採択後に責任が発生する可能性が生ずると、金融サービス市場法 90A 条・90B 条を制定して不実開示の民事責任の対象となる開示書類に対し（a）当該情報に依拠（in reliance on the information）して証券を取得しており、かつ、（b）取得の時点および状況において、開示情報に依拠することが合理的でなければならないことを規定した（FSMA 90A 条 3 項）[99]。具体的な取引における認識を要求し、訴訟に抽象的な「市場に対する詐欺」の防止機能を持たせることを否定している。コモンウェルスでも、投資信託販売における商品表示の虚偽にかかるグリーンウォッシングについて、やオーストラリア ASIC のバンガードに対する訴訟（勝訴・罰金）[100]がみられた程度であった。

ヨーロッパでは、企業のファイナンスに関してサステナビリティの責任を問う訴訟は、むしろ金融機関への責任追及訴訟の形をとる[101]。また、企業の ESG 関連の開示にかかる

---

[95] "VW's Dieselgate: Ex-CEO market manipulation trial to resume"28 Dec. 2023 DW (https://www.dw.com/en/vws-dieselgate-ex-ceo-market-manipulation-trial-to-resume/a-67846143)

[96] Reuters,"Ex-VW Winterkorn's diesel scam trial suspended due to ailing health" 01 Oct. 2024 (https://www.reuters.com/business/autos-transportation/dieselgate-trial-former-vw-chief-suspended-due-ailing-health-2024-10-01/)

[97] "Q&A: The EU Corporate Sustainability Reporting Directive – Who Does It Apply To and What Should EU and Non-EU Companies Consider" 10 Sep. 2023, Skadden (https://www.skadden.com/-/media/files/publications/2023/10/qa-the-eu-corporate-sustainability-reporting-directive100923.pdf?rev=26b46a1c6ecd49f58b48cefc8ba1239aa)

[98] https://www.fsa.go.jp/common/about/research/20240417/02.pdf

[99] 川島いづみ「イギリス法における不実の情報開示に関する民事責任」早稲田社会科学総合研究第 13 巻 1 号（2012）31 頁

[100] Media Release (24-061MR)"ASIC wins first greenwashing civil penalty action against Vanguard" 24 March 2024 (https://asic.gov.au/about-asic/news-centre/find-a-media-release/2024-releases/24-061mr-asic-wins-first-greenwashing-civil-penalty-action-against-vanguard/23-043MR ASIC)

[101] Fairfax, J., Gupta, A. "First Climate Lawsuit Against a Commercial Bank: NGOs Take Legal Action Against BNP Paribas for Funding Fossil-Fuel Development" April 27, 2023.,OSLER(https://www.osler.com/en/insights/updates/first-climate-lawsuit-against-a-commercial-bank-ngos-take-legal-action-against-bnp-paribas-for-fund/); Theodora Natoudaki,"Double Trouble: The Rise of Greenwashing and Climate

27

責任追及は、証券訴訟ではなく会社法上の訴訟として現れる可能性がある。イギリスを例にとると、イギリスの金融行為規制機構（FCA）は、グリーンウォッシングのリスクは認識しているものの、グリーンウォッシングに対する強制措置はまだ講じておらず、代わりにガードレールの設置、グリーンウォッシングを対象とした最初の持続可能性開示要件（SDR）セットの開発、および企業と協力して行動を変えてもらうことに重点を置いている[102]。法令上は、FCA はすでにグリーンウォッシングやより広範な ESG 問題に関連して強制措置を講じることができる権限を持っているが、こうした規制を現状では積極的に行使していない。他方でイギリスでは、非財務情報開示に関するセーフハーバー・ルールが金商法でなく会社法上に設けられている一方で[103]、スティクホルダーが株主の権利や取締役の義務に基づいて訴訟を提起する例が報告されており、これらの訴訟は今後大幅に発展すると予測されている[104]。

　イギリスにおける、企業のネットゼロ達成の失敗について取締役に個人的な責任を負わせようとする最初の訴訟として、*ClientEarth v Board of Directors of Shell*[105]がある。 2022 年 3 月、ClientEarth（気候関連のチャリティー団体）は株主としての立場で、シェルの 13 人の執行取締役と非執行取締役に訴訟前通知を送付した。ClientEarth は、シェルの取締役会は、会社の成功を促進する方法で行動せず、合理的な注意、スキル、および勤勉さを発揮しなかったとし、取締役会がパリ協定に真に沿った気候戦略を採用・実施しなかったことは、

Litigation for Banks" 26 Jan. 2024 Sustainalytices(https://www.sustainalytics.com/esg-research/resource/investors-esg-blog/double-trouble--the-rise-of-greenwashing-and-climate-litigation-for-banks)
ECCL - European Company Case Law von - 2752-177X | Nomos Online-Shop (nomos-shop.de)
[102] Rachel Chambers& Katherine Tyler,"Developments in Regulatory and Private Action against Greenwashing"17Apr. 2023,Oxford Business Law Blog
 (https://blogs.law.ox.ac.uk/oblb/blog-post/2023/04/develpments-regulatory-and-private-action-against-greenwashing)
[103] イギリス Company Act 2006 　第 463 条（3）は、「取締役は、戦略報告書 (strategic report※Company Act 2006 　第 414 CB 条により気候関連財務情報の記載も求められる）等 における不実開示の結果として会社が被った損害について、当該不実開示について知っていたか、又は重大な過失 reckless があった場合に限り、当該会社に対してのみ責任を負う」とする。イギリスの開示については、川島いづみ「非財務情報に関する開示規制の高度化」早稲田社会科学総合研究第 20 巻 1 号（2022 年 12 月）参照。
[104] LSE policy publication,"Global trends in climate change litigation: 2024 snapshot " 27 June, 2024(https://www.lse.ac.uk/granthaminstitute/publication/global-trends-in-climate-change-litigation-2024-snapshot/)
[105] "ClientEarth starts legal action against Shell's Board over mismanagement of climate risk" Client Earth Press release15 March 2022
(https://www.clientearth.org/latest/press-office/press/clientearth-starts-legal-action-against-shell-s-board-over-mismanagement-of-climate-risk/) ,
 Wynne Lawrence & Nigel Brook, "Insight on the Global trends in climate change litigation: 2022 snapshot" 01 Jul. 2022 Clyde & Co,
(https://www.clydeco.com/en/insights/2022/07/insight-on-the-global-trends-in-climate-change-lit)

英国会社法に基づく取締役の義務違反であると主張している。現在、ClientEarth は、イングランドおよびウェールズの高等裁判所に正式に訴訟を起こす前に、委員会の回答を待っている[106]。

4－4　日本におけるイベント・ドリブン訴訟

　日本においては、サステナビリティ開示の法制化はまだ行われていないが、イベント・ドリブン訴訟に類似する主張とそれに対する反論は、順次記載の訂正をする必要が明らかになってきた場合の対応という形ですでに判例で検討されており（東京地裁令和２年１２月１０日）、不祥事によって訂正が明らかになった場合も同様である（高松高裁令和６年４月１８日判決（東芝役員に対する金商法２１条の２、民法７０９条等に基づく損害賠償請求訴訟））。予想外の下落は仕組債であることから生じたものであり、その価格下落リスクは投資家が引き受けているとする判例など（東京地裁令和３年１０月２８日判決）、主張を否定する根拠にはばらつきがあるが、裁判所は総じて原告の主張に対しては冷静であるように思われる。

　日野自動車のエンジン検査不正による株価下落についても、弁護士事務所が証券訴訟を考える投資家を募っているなど（https://yma-law.jp/news/hino/）、訴訟実務のうえでは不祥事に際して、イベント・ドリブン訴訟がグリーンウォッシュの主張を絡めてくることはありうる。この点、サステナブル開示については、将来情報であること等を理由としてマテリアリティを否定するようなセーフハーバー・ルールを定めることが議論されている。

　他方、会社法においては、経営陣に対し、企業が環境に起因して負った損害の責任を問う訴訟の典型として、東京電力株主代表訴訟が挙げられる。一方で429条については、１項について間接損害にかかる第三者への損害賠償請求訴訟を制限する判例（東京高判平成17年１月18日（雪印食品損害賠償請求事件控訴審判決））が出ているが、同条２項２号ロの事業報告記載の虚偽にかかる責任の請求権者や請求ができる範囲等は明確でない。

5　企業および国家における反対の動き

　以上のように、ESG 関連の開示の誇張や曖昧さは、いまや厳しい責任の原因となりうるため、有力なファンドやその責任者は、Green に関連する事項については口をつぐむ（Green-Hushing）状況にある[107]。S&P は ESG 格付けを中止すると発表した。会社につい

---

[106] Milieudefensie et al. v Royal Dutch Shell plc., The Hague District Court, ECLI:NL:RBDHA:2021:5339.(https://climatecasechart.com/non-us-case/milieudefensie-et-al-v-royal-dutch-shell-plc/).
[107] John Zadkovich,"Greenwashing and the rise of green-hushing" Posted: 18/01/2023

ても、企業の 27% は ESG に関する外部への情報発信を減らし、代わりに持続可能性や社会的影響といった用語を引用しているという[108]。また、企業は責任追及を軽減するために、訴訟や株主提案を妨害したり、本社を移転したりすることもある。

5－1　訴訟の妨害・却下申立て

2023 年 9 月 16 日、カリフォルニア州の 8 つの市と郡は、エクソン他の石油会社 5 社に対して[109]、気温上昇によってもたらされる脅威について証拠を誤って伝え、隠蔽することにより、州法に違反したと非難した。各自治体は、山火事、洪水、その他の異常気象による損害に対する補償と、地球の気温上昇の影響に備えるための新たなインフラ建設の費用を賄うために、数十億ドルを求めた。

エクソンは、同州の自治体当局が同社を提訴することで憲法修正第 1 条の権利を侵害したとして、テキサス州最高裁判所に、12 人以上の同州の自治体職員に対する法的措置を追求し、ルール 202（企業が宣誓の下で個人に質問し、法的措置が提起される前であっても文書へのアクセスを要求できるようにする規則で、有罪の証拠集めに有利）の適用を求めた。同条項を適用することで、職員らに出張の負担を強いたり宣誓の圧力をかけることで訴訟を遅らせようとしているのではないかと考えられている。エクソン社はまた、修正第 1 条による保護をも主張した[110]。

エクソン社は株主提案についても強硬姿勢を取る。同社は石油開発企業として多くの環境関連株主提案（オイルメジャー 5 社のうち唯一スコープ 3 削減目標を事業計画に取り入れていないため、入れることを要求するもの）にさらされてきたが、2024 年にこのうちアルジュナ・キャピタルからの提案を却下するよう申立てを行った[111]。

Penningtons Manches Cooper, (https://www.penningtonslaw.com/news-publications/latest-news/2023/greenwashing-and-the-rise-of-green-hushing)
[108]Kari Hayden Pendoley, "The Undermining of ESG Might Be Working, But It's Ultimately Irrelevant" 25 Sep. 2023 (https://caia.org/blog/2023/09/25/undermining-esg-might-be-working-its-ultimately-irrelevant)
[109] Caroll Alvarado,"California sues 5 major oil companies, accuses them of deceiving public over the risks of fossil fuel use "16 Sep.2023, CNN (https://edition.cnn.com/2023/09/16/us/california-lawsuit-oil-companies/index.html);
Press Release"Attorney General Bonta Announces Lawsuit Against Oil and Gas Companies for Misleading Public About Climate Change"　16 Sep. 2023　(https://oag.ca.gov/news/press-releases/attorney-general-bonta-announces-lawsuit-against-oil-and-gas-companies)
[110] Chris McGreal,"How Exxon is using an unusual law to intimidate critics over its climate denial" 28 Jan. 2022,The Guardian (https://www.theguardian.com/environment/2022/jan/18/exxon-texas-courts-critics-climate-crimes)
[111] Beatrice Bedeschi "ExxonMobil lawsuit signals turning point in climate shareholder activism"　14Mar. 2024 Gas outlook (https://gasoutlook.com/analysis/exxonmobil-lawsuit-signals-turning-point-in-climate-shareholder-activism/)

もともと、こうした株主提案は、世界的な石油供給の逼迫、消費者のエネルギーコストの上昇、そしてロシアのウクライナ侵攻後のエネルギー安全保障への懸念の高まりにより支持を失いつつあり、Follow This の提案を見ると 2022 年の支持率 28%に比べ、23 年の支持率はわずか 10%にとどまっている。エクソン社は、株主がスコープ 3 目標をすでに拒否しており、提案株主らが同社の既存事業を縮小させることを意図した変更を求めて運動しているにすぎず、株主提案は活動家団体（小規模株主）が「イデオロギー的得点を狙って株主提案手続を乗っ取った好例だ」としている[112]。

　この訴訟は、5 月 22 日に継続を肯定されたが[113]、6 月 18 日に争点への反論を示さないまま、投資会社アルジュナ・キャピタルが、二度とエクソンに温室効果ガス関連の決議を課さないと約束したことを受けて、判断に適しないとして却下された。この事案では、同じ提案が何度も繰り返されてきており、エクソン社 CEO は株主提案権の濫用と述べている。

　どの提案を除外するかの決定は証券取引委員会のノーアクションレターによって事実上管理されるが、現状 ESG 関連提案は通過しやすい状況にあるため、エクソン訴訟で気候関連提案を株主委任状から除外できるとの裁判所の包括的判断が示されなかったことは、多くの企業にとって打撃となっているという。他方で投資家側は、訴訟を回避してもビジネスモデルの本質的な問題は解決できないとして、裁判所が、アルジュナの撤回表明の後も決定を下すよう働きかけを続けていたエクソンに応じなかったことを評価している[114]。

　エクソン社の訴訟方針は、大手公的年金基金から批判されている。複数の基金は株主に取締役解任に賛成票を投ずるよう促したが、エクソンによれば、株主の投票の平均 95%が取締役の留任に賛成したという[115]。

5－2　自主的目標の後退、会社の撤退

　自主的な取り組みによる ESG の推進にも、限界がみえている。2021 年の COP26 で「ネ

---

[112] Sabrina Valle,"Exxon case against activist shareholder can proceed, US judge rules" Posted on 23 May 2024, Reuters(https://www.reuters.com/sustainability/boards-policy-regulation/exxon-case-against-activist-shareholder-can-proceed-judge-rules-2024-05-22/)

[113] Spencer Kimball,"Judge rules Exxon can sue activist shareholder over climate proposal" 22 May 2024, CNBC (https://www.cnbc.com/2024/05/22/judge-rules-exxon-can-sue-activist-shareholder-over-climate-proposal-.html)

[114] Cydney Posner "Exxon court challenge to Arjuna shareholder proposal survives dismissal"Posted on 4 June 2024, Harvard Law School Forum on Corporate Governance,(https://corpgov.law.harvard.edu/2024/06/04/exxon-court-challenge-to-arjuna-shareholder-proposal-survives-dismissal/)
Timothy Smith, "ExxonMobil's Lawsuit Against its Shareholders: A Cautionary Tale" Posted on 12 June 2024(https://corpgov.law.harvard.edu/2024/06/12/exxonmobils-lawsuit-against-its-shareholders-a-cautionary-tale/)

[115] Richard Vanderford, "Exxon Lawsuit Against Activist Shareholders Thrown Out" 18 June 2024, Wall Street Journal (https://www.wsj.com/articles/exxon-lawsuit-against-activist-shareholders-thrown-out-31c2e211)

31

ットゼロのためのグラスゴー金融同盟（GFANZ）」と呼ばれる金融機関の有志連合が発足した。同団体の加盟企業には厳しいネットゼロ達成のための基準遵守が求められ、またガイドラインにおいて化石燃料企業への資金提供制限、新規石炭事業への融資の停止などが定められていた。

　しかしウクライナ侵攻によりエネルギー源に関する考え方が見直され、石炭への回帰が広がり、ネットゼロの実現へのハードルは高くなった。また、アメリカでは政治家や規制当局からのESG・反ESG双方の圧力が高まり、米銀大手は脱炭素化ルールが厳しすぎると感じ始め、2022年の同ガイドライン制定に際して脱退を視野に入れた強い反対を示し、国連による義務付けを意味する文言は削除されたという[116]。

　シェル社は2021年11月、本社機能をロンドンに移転すると述べた[117]。これは、同年10月にオランダ裁判所から排出ガス削減目標強化を指示する判決が出たこと[118]、同裁判所に

---

[116] 木内登英「グラスゴー金融同盟（GFANZ）設立1年で壁に：段階的な移行をしっかりと助けることが金融の役割」2022年11月9日 NRIナレッジインサイト（https://www.nri.com/jp/knowledge/blog/lst/2022/fis/kiuchi/1109）

[117] Reuters,"Shell ditches the Dutch and moves HQ to London in share overhaul" 51Nov. 2021(https://edition.cnn.com/2021/11/15/investing/shell-structure-london/index.html)

[118] 2021年5月26日、ハーグ地方裁判所は、「ロイヤル・ダッチ・シェル（RDS）に対し、直接および同社が通常連結年次決算書に含め、共同でシェルグループを形成する企業および法人を通じて、シェルグループの事業活動および販売されたエネルギー運搬製品に起因する大気中へのすべてのCO_2排出量（スコープ1、2、3）の年間総量を制限するか、または制限させるよう命じ、この量が2030年末までに2019年比で少なくとも正味45%削減されるようにする」と判示した（つまり、自社の事業活動による排出量と生産する石油の使用による排出量の両方において、排出量を正味45%削減するよう命じた）。
　裁判所は、「RDSの削減義務は、オランダ民法第6巻第162条に定められた暗黙の注意義務から生じるものであり、暗黙の法律で一般に認められている行為に反することは違法である」とする。裁判所は、この注意義務をRDSのポリシー、排出量、排出量の影響、人権、国際的および地域的な法的義務に適用し、かつ、この注意義務には、特に「化石燃料を生産および販売する企業の場合のように、これらの排出量が企業のCO_2排出量の大部分を占める場合」に、企業がスコープ3排出量の責任を負う必要があることが含まれていると結論付けた。また裁判所は、「エンドユーザーを含むシェルグループのビジネス関係との間の重要な最善の努力義務の結果として、RDSは化石燃料採掘の新規投資を断念したり、化石資源の生産を制限したりする可能性」があるとも述べた。
　シェルは、EU排出量取引制度（ETS）による排出量削減で目標は先取りできているという主張と、同社による削減が他社を利するだけで効果がないという主張を行ったが、いずれも却下された。前者については、ETSはヨーロッパの排出量の一部にのみ適用されるが、注意義務は世界的な排出量に関するものであること、後者については、パリ協定の義務に直面して他の企業がシェルの生産を代替するかどうかはまだ分からず、排出量に関する自らの役割を果たす責任は免れないことを理由とした。裁判所は判決を暫定的に執行可能なものとし、これはシェルが控訴手続中も削減義務を履行する必要があることを意味した。
　2022年4月25日、Milieudefensieはシェルの取締役会に書簡を送り、2021年5月26日の判決に従うための緊急措置を求め、不作為による第三者に対する個人責任リスクについて警告した。2022年7月20日にシェルは同判決に対して控訴した。

32

は同社の責任を認めた強力な先行判例[119]があったことに関連していると考えられている。

　移転後、シェルは改訂された事業計画を発表した。従前同社はエネルギー製品の正味炭素強度（化石燃料の燃焼によって発生する絶対排出量を削減するというコミットメントではなく、シェルが石油・ガス事業で発生する炭素を低炭素製品の売上増加と相殺するための会計処理を指す）を2030年までに2016年のレベルから20%、2035年までに45%、2050年までにネットゼロにすると述べていたが、新たな指標では2030年までに15〜20%の減少を目標としており、また、2035年の目標も引き下げている。移行のペースと進化が不確実なため、このような長期の暫定目標は役に立たなかったと経営陣は述べており、さらに2030年代に向けて後で新たな目標を導入する可能性があると述べた[120]。

5－3　投資協定や途上国の政策との調整

　先進国においては、シェル訴訟のように、化石燃料の採掘と利用について、開発撤退をも辞さない非常に厳しい判示がみられる。しかし、すでに国際的な開発に関してISD（ISDS）条項が結ばれ、投資家が投資先の国での協定違反を理由とした賠償請求を求めて仲裁を申し立てるなど現地政府の裁量が制約されている場合や、自国の産業が脅かされることを地元政府が望まない場合もあり（注4参照）、先進国での訴訟がそうした手続とどのような関係に立つのかは難しい問題となりうる。

a.　ブーゲンビルの閉鎖銅鉱山関連訴訟

　パプアニューギニアの住人が、1970年代と1980年代に同国のパングナ銅・金鉱山を運営していた鉱業大手リオ・ティント社に対し、数十億ドルの補償を求めた。同鉱山は、世界有数の規模であったが、環境被害と鉱山の利益の不公平な分割に対するコミュニティの怒りが高まる中、1989年に地元の人々は鉱山を強制的に閉鎖し、パングナの送電線を爆破し、操業を妨害した。PNG政府は、自国民に対して軍隊を派遣し、外資系鉱山を再開し、その後ブーゲンビルを中心に10年にわたる内戦が勃発し、2001年の和平まで続いた[121]。閉鎖

---

[119] 前掲注105　Milieudefensie et al. v. Royal Dutch Shell plc.

[120] Financial Times "Shell revises climate targets as it plans to keep gas business growing" 14Mar. 2024（https://www.ft.com/content/d38f4488-f31e-451a-9837-ab9dcc3ccb70）

[121] ブーゲンビルを含むパプアニューギニアは、第二次世界大戦後には豪州が施政権を持つ国際連合における信託統治領の一部となった。その後、信託統治領は1975年、現在のブーゲンビル自治州を含めたまま、パプアニューギニア独立国として独立したが、1988年、パプアニューギニア軍、ブーゲンビル革命軍（BRA）、その他の現地グループによるブーゲンビル内戦が発生した。

時には 30 年後の再開が約されたという [122]。政府はブーゲンビル自治州の独立に際して銅鉱山の再開は必要との立場であり、こうした住民訴訟には反対しているといわれる [123]。

b.　ブラジル銅鉱山責任追及訴訟

　2015 年 11 月にサマルコ社の尾鉱ダムが決壊し、現在複数の損害賠償請求事件が欧米で提起されている。この事故で、大量の鉱滓が 600km にわたって放出され、19 人の命が奪われ、ドーセ川流域の数百の町に影響を与えた [124]。当初ブラジルで責任を問う訴訟が開始され、政府が 50 億ドルの損害賠償を求めたが、同裁判で責任の及ぶ可能性のあるサマルコ社の出資者（ＢＨＰとヴァーレ）に責任が及ぶ可能性があるとの判断を示した。政府は２００億レアル（50 億ドル）の損害賠償を求めたが、サマルコ社が賠償に応じることを拒否したため、これら親会社の資産を凍結した [125]。その後の進行が満足のいくものでなかったため、約７０万人の被災者、４６の自治体、企業および宗教団体が、英豪系資源大手 BHP ビリトンおよびブラジルの多国籍企業 Vale に対して、英国の裁判所に訴訟を提起している。2024 年 10 月のヒアリングののち、責任が決定される予定であるという。

　このほか 7 つの自治体が、オランダに拠点を置くヴァーレとサマルコの子会社を訴えており、またブルマジーニョ市が、2019 年に決壊したヴァーレダムの安定性報告書に署名したコンサルタント会社であるテュフ・スードに対するドイツでの訴訟に参加しているという。

　これに対し、ブラジル最大の鉱業会社らを代表するブラジルの鉱業研究所(Ibram)は、地方自治体が外国の裁判所に訴訟を起こすのを防ぐために、最高裁判所に訴訟を起こした。同団体は、連邦政府が海外での訴訟に関与することは違憲であると主張している。海外訴訟に関与している自治体の首長からなる"ドセ川の防衛と再生のための公共コンソーシアム(Coridoce)"が同訴訟への参加を求め、今後ブラジル国内で議論がなされる予定である。同研究所は、地方自治体が海外で提起した訴訟は、行政の管轄外であり、憲法の原則とブラジル国家の組織に準拠していないこと、ブラジル司法府の監視下にないため、ブラジルの法秩

---

[122] Leanne Jorari,"Panguna mine at centre of bloody Bougainville conflict set to reopen after 30 years"11 Feb.2022, the Guardian
(https://www.theguardian.com/world/2022/feb/11/panguna-mine-at-centre-of-bloody-bougainville-conflict-set-to-reopen-after-30-years)
[123] "Thousands of Bougainville residents support lawsuit against mining giant" posted on 25 Jul. 2024 RNZ (https://www.rnz.co.nz/international/pacific-news/522991/thousands-of-bougainville-residents-support-lawsuit-against-mining-giant)
[124] 同事故の規模について、「サマルコ社の鉱山廃水ダム決壊事故、史上最悪規模に認定」2016 年 1 月 27 日記事（https://megabrasil.jp/20160127_27658/）
[125] ロイター通信「ブラジル裁判所、ダム決壊めぐり BHP とヴァーレの資産凍結」2015 年 12 月 21 日（https://jp.reuters.com/article/world/-idUSKBN0U30Y3/）

序を守り、社会の平和を維持するための基本である手続きの透明性と検察庁の参加が損なわれていることを問題視している。同研究所はさらに、国外での訴訟が鉱業部門に悪影響を及ぼしていると述べ、国際的な問題を扱うのは連邦政府の独占的な権限であり、地方自治体が外国の管轄区域と直接取引することは許されていないと付け加えた。「地方自治体が海外で行う動議は、連邦政府の同意を得ていなければならない」と、同協会は主張している[126]。

c. メキシコ沖合リン酸塩採掘問題

メキシコでは、カリフォルニア沖でリン酸塩を採掘するオデッセイ社と現地の漁業組合との間で、開発にかかる紛争が発生しており、2018 年にメキシコ政府はいったん鉱山開発を拒否した。しかし、同社は 2019 年に投資家と国家の紛争解決(ISDS)を用いてメキシコを提訴し、国内裁判所を迂回して開発を進めることが決定された[127]。

5－4　アメリカにおける状況変化と政治的反発

アメリカでは、SEC の気候変動開示規則には強い反発があり、2024 年 3 月の最終規則は 2022 年 3 月の当初案から、開示内容や適用時期などの内容が大幅に縮小されたうえ、SEC の採択においても 5 名のコミッショナーのうち 2 名が最終化に反対した。また、最終規則公表後に、同ルールにかかる訴訟が複数起こされ、3 月 15 日には第 5 巡回区控訴裁判所が最終規則を一時的に停止する行政処分を認める判決を下した。同年 4 月 4 日に SEC は「秩序ある司法的解決を促進するため」とし、最終規則の一時停止を発表した。最終規則公表後に提起された 9 件の訴訟については、第 8 巡回区控訴裁判所で 1 つの訴訟に統合され審理されることになった[128]。

会社の ESG 政策に対する株主個人の忌避感だけでなく[129]、共和党が民主党を攻撃する際

---

[126]Leo Rodrigues, "Mining companies move to stop cities from filing lawsuits abroad"19 June 2024 Agencia Brasil(https://agenciabrasil.ebc.com.br/en/justica/noticia/2024-06/mining-companies-move-stop-cities-filing-lawsuits-abroad#)

[127] Laura Paddison,"How a US mining firm sued Mexico for billions – for trying to protect its own seabed"31 Jan. 2024, theGuardian
(https://www.theguardian.com/environment/2024/jan/31/how-a-us-mining-firm-sued-mexico-for-billions-for-trying-to-protect-its-own-seabed

[128] 石橋武昭、平井健之 "米国証券取引委員会(SEC)の気候関連開示規則が最終化、日本企業がすべきこととは"04Jul.2024 pwc
(https://www.pwc.com/jp/ja/knowledge/column/sustainability-disclosure-standards/vol02.html#:~:text=SEC%E3%81%8C2022%E5%B9%B43)

[129] 株主提案の多くは、ESG を推進する提案が占めるが、一方で、GHG 排出削減や DE&I の拡大を妨げることを狙った反 ESG の株主提案も存在する。最も、こうした提案は市場関係者というより、国立公共政策調査所や国立法律政策センターなどの保守的なシンクタンクから出されおり、反 ESG 提案はこれまで最高でも 3.4%しか支持を

に用いる道具として反ESG法案が用いられるという側面があり、また石油会社を抱えるテキサス州、石炭を算出するモンタナ州など環境影響の強い州法が投資におけるESGの考慮を制限する立法をしている[130]。共和党支持の州ではこの動きが強い一方で、民主党が強い州ではサステナビリティについての情報開示の　義務付けなどの立法が行われるという分裂がみられるという[131]。

　ESGを制限する立法提案の内容は強硬で[132]、州法レベルでは企業に①ESG関連投資を避けるか撤退する、ESG基準でネガティブスクリーニングを行う金融機関や企業から撤退する、②銃器や弾薬の売買を追跡、監視、報告することを禁止する、ESGを考慮したボイコットや化石燃料、銃器、タバコ、農業、鉱業会社などを禁止する、金融サービス提供者に対し、化石燃料、銃器および弾薬、タバコ、鉱業、農業などの産業、またはESG要因に基づいていかなる企業も否定的にスクリーニングしないことを証明する声明を求める、③投資判断におけるESG考慮を禁止する、環境政策や社会政策に影響を与えることを目的とした投資決定を禁止する、雇用決定におけるESG基準の禁止、保険料率設定におけるESG基準の禁止、ソーシャルメディアの投稿、クラブ、協会、組合への参加または会員資格、政治的所属、雇用主、ESG、価値観、影響基準などの主観的な基準に基づく差別の禁止、「慎重な投資家」基準に基づく投資の強調、「金銭的要因」からESGを除外、社会的スコアや信用度の考慮の禁止、州の公的保管機関を、ESG基準に基づくサービス拒否等を行わない組織に限定、④ESG基準を推進したり、ESG基準を満たしていない、または確立していない企業に罰則を科したりする法律や立法の防止、⑤反ESG法違反に対する罰金を含む民事罰を設ける、といったものである。

　また、連邦もマテリアリティの拡大に反対する法案を抱えている。国連のネット・ゼロ保険同盟（NZIA）は、「組織立って顧客のGHG排出削減を促す取り組みは反トラスト法違反の可能性がある」と主張する共和党から反対を受けた。これを受け、仏アクサ、英ロイズ保険組合、独アリアンツ、東京海上、MS&AD、損保ホールディングスなどの著名な保険会社がプログラムから脱退し、現在のNZIA加盟社数はピーク時の30社から11社に減少したとされる。

集められていないとの報告がある。北村佳代子「反ESGを読み解く」オルタナ2023年11月8日記事（https://www.alterna.co.jp/105284/）
[130] Abigail Gampher Takacs,"ANALYSIS: Most of Top Climate-Affected States Restrict ESG（1）"11 Oct.2023, Bloomberg law（https://news.bloomberglaw.com/bloomberg-law-analysis/analysis-most-of-the-top-climate-affected-states-restrict-esg）
[131] Brenna Both,"ESG Investing Laws Diverge in Red and Blue States: Explained" 14 Aug. 2023 Bloomberg Law(https://news.bloomberglaw.com/in-house-counsel/esg-investing-laws-diverge-in-red-and-blue-states-explained)
[132]反ESG法の内容と分布の一覧。"Anti-ESG legislation"Morrison Foerster（https://www.mofo.com/esg-resources/anti-esg-legislation）

小括

　以上のように、現状では各国ともに各種訴訟の提起しやすさ、勝訴可能性、損害賠償額がいずれも流動的であり、訴訟相互の関係も未整理である。現状では訴訟を通じて ESG リスクを適切に内部化することは難しく、日本法に対する示唆としては、開示や救済法制など、目下生じている様々な立法および司法上の課題に対処しつつ、大局的には、条文の解釈論などを通じて、望ましい訴訟の交通整理について議論できるように見通しをよくしておくことが有用だということになるだろうか。

　なお、訴訟以外の内部化の方法の一つとして、倒産リスクを織り込んだ金利や保険商品、あるいはデリバティブなどの算定モデルの開発が考えられる。超長期にわたる気候変動等の影響は算定が困難であり、従来そうしたリスクを包括的に考慮するモデルは発展してこなかったと考えられるが、金融セクターにおいては避けて通れない課題なのではないかと考える。

金融商品取引法研究会名簿

(令和6年10月11日現在)

会　　長	神　作　裕　之	学習院大学法学部教授
委　　員	飯　田　秀　総	東京大学大学院法学政治学研究科准教授
〃	大　崎　貞　和	野村総合研究所未来創発センター主席研究員
〃	尾　崎　悠　一	東京都立大学大学院法学政治学研究科教授
〃	加　藤　貴　仁	東京大学大学院法学政治学研究科教授
〃	河　村　賢　治	立教大学法学部教授
〃	小　出　　　篤	早稲田大学法学部教授
〃	後　藤　　　元	東京大学大学院法学政治学研究科教授
〃	齊　藤　真　紀	京都大学法学研究科教授
〃	武　井　一　浩	西村あさひ法律事務所パートナー弁護士
〃	中　東　正　文	名古屋大学大学院法学研究科教授
〃	松　井　智　予	東京大学大学院法学政治学研究科教授
〃	松　井　秀　征	立教大学法学部教授
〃	松　尾　健　一	大阪大学大学院高等司法研究科教授
〃	松　元　暢　子	慶應義塾大学法学部教授
〃	萬　澤　陽　子	筑波大学ビジネスサイエンス系准教授
〃	宮　下　　　央	ＴＭＩ総合法律事務所弁護士
〃	行　岡　睦　彦	神戸大学大学院法学研究科教授
オブザーバー	三　井　秀　範	預金保険機構理事長
〃	齊　藤　将　彦	金融庁企画市場局市場課長
〃	坂　本　岳　士	野村證券法務部長
〃	大　門　　　健	大和証券グループ本社経営企画部法務課長
〃	本　多　郁　子	ＳＭＢＣ日興証券法務部長
〃	安　藤　崇　明	みずほ証券法務部長
〃	窪　　　久　子	三菱ＵＦＪモルガン・スタンレー証券法務部長
〃	松　本　昌　男	日本証券業協会常務執行役自主規制本部長
〃	森　本　健　一	日本証券業協会政策本部共同本部長
〃	坪　倉　明　生	日本証券業協会自主規制企画部長
〃	塚　﨑　由　寛	日本取引所グループ総務部法務グループ課長
研　究　所	森　本　　　学	日本証券経済研究所理事長
〃	髙　木　　　隆	日本証券経済研究所常務理事
〃（幹事）	高　　　逸　薫	日本証券経済研究所研究員
〃（幹事）	永　田　裕　貴	日本証券業協会規律本部規律審査部課長

(敬称略)

［参考］ 既に公表した「金融商品取引法研究会（証券取引法研究会）研究記録」

第1号 「裁判外紛争処理制度の構築と問題点」　　　　　　2003年11月
　　　　　　報告者　森田章同志社大学教授

第2号 「システム障害と損失補償問題」　　　　　　　　2004年1月
　　　　　　報告者　山下友信東京大学教授

第3号 「会社法の大改正と証券規制への影響」　　　　　2004年3月
　　　　　　報告者　前田雅弘京都大学教授

第4号 「証券化の進展に伴う諸問題(倒産隔離の明確化等)」　2004年6月
　　　　　　報告者　浜田道代名古屋大学教授

第5号 「EUにおける資本市場法の統合の動向　　　　　　2005年7月
　　　　　　　　　―投資商品、証券業務の範囲を中心として―」
　　　　　　報告者　神作裕之東京大学教授

第6号 「近時の企業情報開示を巡る課題　　　　　　　　2005年7月
　　　　　　　　　―実効性確保の観点を中心に―」
　　　　　　報告者　山田剛志新潟大学助教授

第7号 「プロ・アマ投資者の区分―金融商品・　　　　　2005年9月
　　　　　　販売方法等の変化に伴うリテール規制の再編―」
　　　　　　報告者　青木浩子千葉大学助教授

第8号 「目論見書制度の改革」　　　　　　　　　　　　2005年11月
　　　　　　報告者　黒沼悦郎早稲田大学教授

第9号 「投資サービス法(仮称)について」　　　　　　　2005年11月
　　　　　　報告者　三井秀範金融庁総務企画局市場課長
　　　　　　　　　　松尾直彦金融庁総務企画局
　　　　　　　　　　　投資サービス法(仮称)法令準備室長

第10号 「委任状勧誘に関する実務上の諸問題　　　　　2005年11月
　　　　　　　　　―委任状争奪戦（proxy fight）の文脈を中心に―」
　　　　　　報告者　太田洋 西村ときわ法律事務所パートナー・弁護士

第11号 「集団投資スキームに関する規制について　　　2005年12月
　　　　　　　　　―組合型ファンドを中心に―」
　　　　　　報告者　中村聡 森・濱田松本法律事務所パートナー・弁護士

第12号 「証券仲介業」　　　　　　　　　　　　　　　　2006年3月
　　　　　　報告者　川口恭弘同志社大学教授

第13号「敵対的買収に関する法規制」　　　　　　　　　　2006年5月
　　　　報告者　中東正文名古屋大学教授

第14号「証券アナリスト規制と強制情報開示・不公正取引規制」　2006年7月
　　　　報告者　戸田暁京都大学助教授

第15号「新会社法のもとでの株式買取請求権制度」　　　　2006年9月
　　　　報告者　藤田友敬東京大学教授

第16号「証券取引法改正に係る政令等について」　　　　　2006年12月
　　　（ＴＯＢ、大量保有報告関係、内部統制報告関係)
　　　　報告者　池田唯一　金融庁総務企画局企業開示課長

第17号「間接保有証券に関するユニドロア条約策定作業の状況」　2007年5月
　　　　報告者　神田秀樹　東京大学大学院法学政治学研究科教授

第18号「金融商品取引法の政令・内閣府令について」　　　2007年6月
　　　　報告者　三井秀範　金融庁総務企画局市場課長

第19号「特定投資家・一般投資家について—自主規制業務を中心に—」　2007年9月
　　　　報告者　青木浩子　千葉大学大学院専門法務研究科教授

第20号「金融商品取引所について」　　　　　　　　　　　2007年10月
　　　　報告者　前田雅弘　京都大学大学院法学研究科教授

第21号「不公正取引について−村上ファンド事件を中心に−」　2008年1月
　　　　報告者　太田 洋 西村あさひ法律事務所パートナー・弁護士

第22号「大量保有報告制度」　　　　　　　　　　　　　　2008年3月
　　　　報告者　神作裕之　東京大学大学院法学政治学研究科教授

第23号「開示制度（Ⅰ）—企業再編成に係る開示制度および　2008年4月
　　　集団投資スキーム持分等の開示制度—」
　　　　報告者　川口恭弘 同志社大学大学院法学研究科教授

第24号「開示制度（Ⅱ）—確認書、内部統制報告書、四半期報告書—」　2008年7月
　　　　報告者　戸田　暁　京都大学大学院法学研究科准教授

第25号「有価証券の範囲」　　　　　　　　　　　　　　　2008年7月
　　　　報告者　藤田友敬　東京大学大学院法学政治学研究科教授

第26号「民事責任規定・エンフォースメント」　　　　　　2008年10月
　　　　報告者　近藤光男　神戸大学大学院法学研究科教授

第27号「金融機関による説明義務・適合性の原則と金融商品販売法」2009年1月
　　　　報告者　山田剛志　新潟大学大学院実務法学研究科准教授

第28号「集団投資スキーム（ファンド）規制」　　　　　　2009年3月
　　　　報告者　中村聡 森・濱田松本法律事務所パートナー・弁護士

第 29 号 「金融商品取引業の業規制」 2009 年 4 月
　　　　　報告者　黒沼悦郎　早稲田大学大学院法務研究科教授

第 30 号 「公開買付け制度」 2009 年 7 月
　　　　　報告者　中東正文　名古屋大学大学院法学研究科教授

第 31 号 「最近の金融商品取引法の改正について」 2011 年 3 月
　　　　　報告者　藤本拓資　金融庁総務企画局市場課長

第 32 号 「金融商品取引業における利益相反 2011 年 6 月
　　　　　—利益相反管理体制の整備業務を中心として—」
　　　　　報告者　神作裕之　東京大学大学院法学政治学研究科教授

第 33 号 「顧客との個別の取引条件における特別の利益提供に関する問題」2011 年 9 月
　　　　　報告者　青木浩子　千葉大学大学院専門法務研究科教授
　　　　　　　　　松本譲治　ＳＭＢＣ日興証券　法務部長

第 34 号 「ライツ・オファリングの円滑な利用に向けた制度整備と課題」2011 年 11 月
　　　　　報告者　前田雅弘　京都大学大学院法学研究科教授

第 35 号 「公開買付規制を巡る近時の諸問題」 2012 年 2 月
　　　　　報告者　太田 洋 西村あさひ法律事務所弁護士・NY 州弁護士

第 36 号 「格付会社への規制」 2012 年 6 月
　　　　　報告者　山田剛志　成城大学法学部教授

第 37 号 「金商法第 6 章の不公正取引規制の体系」 2012 年 7 月
　　　　　報告者　松尾直彦　東京大学大学院法学政治学研究科客員
　　　　　　　　　教授・西村あさひ法律事務所弁護士

第 38 号 「キャッシュ・アウト法制」 2012 年 10 月
　　　　　報告者　中東正文　名古屋大学大学院法学研究科教授

第 39 号 「デリバティブに関する規制」 2012 年 11 月
　　　　　報告者　神田秀樹　東京大学大学院法学政治学研究科教授

第 40 号 「米国 JOBS 法による証券規制の変革」 2013 年 1 月
　　　　　報告者　中村聡 森・濱田松本法律事務所パートナー・弁護士

第 41 号 「金融商品取引法の役員の責任と会社法の役員の責任 2013 年 3 月
　　　　　—虚偽記載をめぐる役員の責任を中心に—」
　　　　　報告者　近藤光男　神戸大学大学院法学研究科教授

第 42 号 「ドッド＝フランク法における信用リスクの保持ルールについて」 2013 年 4 月
　　　　　報告者　黒沼悦郎　早稲田大学大学院法務研究科教授

第 43 号 「相場操縦の規制」 2013 年 8 月
　　　　　報告者　藤田友敬　東京大学大学院法学政治学研究科教授

第 44 号「法人関係情報」   2013 年 10 月
　　　　　報告者　川口恭弘　同志社大学大学院法学研究科教授
　　　　　　　　　平田公一　日本証券業協会常務執行役

第 45 号「最近の金融商品取引法の改正について」   2014 年 6 月
　　　　　報告者　藤本拓資　金融庁総務企画局企画課長

第 46 号「リテール顧客向けデリバティブ関連商品販売における民事責任　2014 年 9 月
　　　　ー「新規な説明義務」を中心として一」
　　　　　報告者　青木浩子　千葉大学大学院専門法務研究科教授

第 47 号「投資者保護基金制度」   2014 年 10 月
　　　　　報告者　神田秀樹　東京大学大学院法学政治学研究科教授

第 48 号「市場に対する詐欺に関する米国判例の動向について」 2015 年 1 月
　　　　　報告者　黒沼悦郎　早稲田大学大学院法務研究科教授

第 49 号「継続開示義務者の範囲ーアメリカ法を中心にー」   2015 年 3 月
　　　　　報告者　飯田秀総　神戸大学大学院法学研究科准教授

第 50 号「証券会社の破綻と投資者保護基金   2015 年 5 月
　　　　ー金融商品取引法と預金保険法の交錯ー」
　　　　　報告者　山田剛志　成城大学大学院法学研究科教授

第 51 号「インサイダー取引規制と自己株式」   2015 年 7 月
　　　　　報告者　前田雅弘　京都大学大学院法学研究科教授

第 52 号「金商法において利用されない制度と利用される制度の制限」 2015 年 8 月
　　　　　報告者　松尾直彦　東京大学大学院法学政治学研究科
　　　　　　　　　　　　　　客員教授・弁護士

第 53 号「証券訴訟を巡る近時の諸問題   2015 年 10 月
　　　　ー流通市場において不実開示を行った提出会社の責任を中心にー」
　　　　　報告者　太田　洋　西村あさひ法律事務所パートナー・弁護士

第 54 号「適合性の原則」   2016 年 3 月
　　　　　報告者　川口恭弘　同志社大学大学院法学研究科教授

第 55 号「金商法の観点から見たコーポレートガバナンス・コード」 2016 年 5 月
　　　　　報告者　神作裕之　東京大学大学院法学政治学研究科教授

第 56 号「ＥＵにおける投資型クラウドファンディング規制」 2016 年 7 月
　　　　　報告者　松尾健一　大阪大学大学院法学研究科准教授

第 57 号「上場会社による種類株式の利用」   2016 年 9 月
　　　　　報告者　加藤貴仁　東京大学大学院法学政治学研究科准教授

第 58 号「公開買付前置型キャッシュアウトにおける　　　　　2016 年 11 月
　　　　　価格決定請求と公正な対価」
　　　　　　　　報告者　藤田友敬　東京大学大学院法学政治学研究科教授

第 59 号「平成26年会社法改正後のキャッシュ・アウト法制」2017 年 1 月
　　　　　　　　報告者　中東正文　名古屋大学大学院法学研究科教授

第 60 号「流通市場の投資家による発行会社に対する証券訴訟の実態」2017 年 3 月
　　　　　　　　報告者　後藤　元　東京大学大学院法学政治学研究科准教授

第 61 号「米国における投資助言業者（investment adviser）　2017 年 5 月
　　　　　の負う信認義務」
　　　　　　　　報告者　萬澤陽子　専修大学法学部准教授・当研究所客員研究員

第 62 号「最近の金融商品取引法の改正について」　　　　　2018 年 2 月
　　　　　　　　報告者　小森卓郎　金融庁総務企画局市場課長

第 63 号「監査報告書の見直し」　　　　　　　　　　　　2018 年 3 月
　　　　　　　　報告者　弥永真生　筑波大学ビジネスサイエンス系
　　　　　　　　　　　　　　　　　ビジネス科学研究科教授

第 64 号「フェア・ディスクロージャー・ルールについて」　2018 年 6 月
　　　　　　　　報告者　大崎貞和　野村総合研究所未来創発センターフェロー

第 65 号「外国為替証拠金取引のレバレッジ規制」　　　　2018 年 8 月
　　　　　　　　報告者　飯田秀総　東京大学大学院法学政治学研究科准教授

第 66 号「一般的不公正取引規制に関する一考察」　　　　2018 年 12 月
　　　　　　　　報告者　松井秀征　立教大学法学部教授

第 67 号「仮想通貨・ＩＣＯに関する法規制・自主規制」　2019 年 3 月
　　　　　　　　報告者　河村賢治　立教大学大学院法務研究科教授

第 68 号「投資信託・投資法人関連法制に関する問題意識について」2019 年 5 月
　　　　　　　　報告者　松尾直彦　東京大学大学院法学政治学研究科
　　　　　　　　　　　　　　　　　客員教授・弁護士

第 69 号「「政策保有株式」に関する開示規制の再構築について」2019 年 7 月
　　　　　　　　報告者　加藤貴仁　東京大学大学院法学政治学研究科教授

第 70 号「複数議決権株式を用いた株主構造のコントロール」2019 年 11 月
　　　　　　　　報告者　松井智予　上智大学大学院法学研究科教授

第 71 号「会社法・証券法における分散台帳の利用　　　　　2020 年 2 月
　　　　　　　　―デラウェア州会社法改正などを参考として」
　　　　　　　　報告者　小出　篤　学習院大学法学部教授

第 72 号「スチュワードシップコードの目的とその多様性」　2020 年 5 月
　　　　　　　　報告者　後藤　元　東京大学大学院法学政治学研究科教授

第 73 号「インデックスファンドとコーポレートガバナンス」 2020 年 7 月
　　　　　報告者　松尾健一　大阪大学大学院高等司法研究科教授

第 74 号「株対価 M&A/株式交付制度について」　　　　　　2020 年 8 月
　　　　　報告者　武井一浩　西村あさひ法律事務所パートナー弁護士

第 75 号「取締役の報酬に関する会社法の見直し」　　　　　2021 年 2 月
　　　　　報告者　尾崎悠一　東京都立大学大学院法学政治学研究科教授

第 76 号「投資助言業に係る規制 ―ドイツ法との比較を中心として―」 2021 年 6 月
　　　　　報告者　神作裕之　東京大学大学院法学政治学研究科教授

第 77 号「インサイダー取引規制について」　　　　　　　　2021 年 8 月
　　　　　報告者　宮下　央　ＴＭＩ総合法律事務所弁護士

第 78 号「敵対的買収防衛策の新局面」　　　　　　　　　　2021 年 10 月
　　　　　報告者　中東正文　名古屋大学大学院法学研究科教授

第 79 号「事前警告型買収防衛策の許容性　　　　　　　　　2021 年 12 月
　　　　―近時の裁判例の提起する問題―」
　　　　　報告者　藤田友敬　東京大学大学院法学政治学研究科教授

第 80 号「金商法の改正案を含む最近の市場行政の動きについて」 2023 年 11 月
　　　　　報告者　齊藤将彦　金融庁企画市場局市場課長

第 81 号「TOB・大量保有報告制度の見直しについて」　　　2023 年 11 月
　　　　　報告者　大崎貞和　野村総合研究所未来創発センター主席研究員

第 82 号「公開買付けにおける意見表明は必要か？」　　　　2023 年 12 月
　　　　　報告者　宮下　央　ＴＭＩ総合法律事務所弁護士

第 83 号「日本証券業協会の社債市場活性化に向けた　　　　2024 年 3 月
　　　　制度整備に関する取組み」
　　　　　報告者　松本昌男　日本証券業協会常務執行役・自主規制本部長

第 84 号「資産運用業規制―業務委託に係る規制の見直し―」 2024 年 5 月
　　　　　報告者　神作裕之　学習院大学法学部教授

第 85 号「ドイツにおける公開買付規制のエンフォースメント」 2024 年 6 月
　　　　　報告者　齊藤真紀　京都大学法学研究科教授

第 86 号「米国私募規制の改正と私募市場の現状」　　　　　2024 年 7 月
　　　　　報告者　松尾健一　大阪大学大学院高等司法研究科教授

第 87 号「経済成長戦略と上場会社法制」　　　　　　　　　2024 年 8 月
　　　　　報告者　武井一浩　西村あさひ法律事務所パートナー弁護士

当研究所の出版物の購入を希望される方は、一般書店までお申し込み下さい。
金融商品取引法研究会研究記録については研究所のホームページ https://www.jsri.or.jp/
にて全文をご覧いただけます。

金融商品取引法研究会研究記録　第 88 号

サステナビリティ関連訴訟の近時の動向

令和 6 年 12 月 6 日

定価 550 円（本体 500 円＋税 10%）

編　者　　金 融 商 品 取 引 法 研 究 会
発行者　　公益財団法人　日本証券経済研究所
　　　　　　　東京都中央区日本橋 2-11-2
　　　　　　　〒 103-0027

電話　03（6225）2326 代表
URL: https://www.jsri.or.jp

ISBN978-4-89032-707-2 C3032 ¥500E
定価 550 円（本体 500 円＋税 10%）